1001 pensées

Le bonheur

[1001 pensées]

SOLAR
EDITIONS

Sommaire

C'est quoi le bonheur ?

Le bonheur, c'est la somme de tous les malheurs qu'on n'a pas.

Marcel Achard

LE VRAI NOM DU BONHEUR, C'EST LE CONTENTEMENT.

Henri-Frédéric Amiel, *Journal intime*

Espérer, c'est être heureux.

Alain, *Propos sur le bonheur* (1925)

C'EST PLEIN DE DISPUTES, UN BONHEUR.

Jean Anouilh, *Antigone* (1944)

Le plus puissant toujours n'est pas le plus heureux.

Antoine-Vincent Arnault, *Guillaume de Nassau* (1825)

Le bonheur est une récompense qui vient à ceux qui ne l'ont pas cherchée.

Alain, *Propos sur le bonheur* (1925)

Le bonheur est une décision que nous prenons d'être heureux quoi qu'il arrive.

André Maurois, cité par Robert Blondin dans *Le Bonheur possible* (1983)

Quel heureux temps que celui de l'enfance et de l'adolescence ! Toujours à la jouissance du moment, oublieuse du passé, insouciante de l'avenir, la vie s'écoule aussi paisible que l'onde de ce charmant ruisseau que nous franchissons maintenant.

Philippe Aubert de Gaspé, *Les Anciens Canadiens* (1863)

L'HOMME QUI RÉCLAME LA LIBERTÉ, C'EST AU BONHEUR QU'IL PENSE.

Joseph Autran

Le bonheur, c'est de continuer à désirer ce qu'on possède.

Saint Augustin

Le plaisir est le bonheur des fous. Le bonheur est le plaisir des sages.

Jules Barbey d'Aurevilly

JOIE DE VIVRE, TU AS BIEN DES PHYSIONOMIES.

Anne Barratin,
De vous à moi (1892)

Le bonheur n'est pas quelque chose que l'on poursuit, mais quelque chose que l'on a.

Alain, *Éléments de philosophie* (1941)

Le bonheur n'est pas le fruit de la paix, le bonheur c'est la paix même.

Alain, *Propos sur le bonheur* (1925)

D'où tenons-nous cette notion de bonheur ? Si elle réside dans la mémoire, c'est que nous avons été heureux autrefois.

Saint Augustin

LE BONHEUR, C'EST AVOIR UNE BONNE SANTÉ ET UNE MAUVAISE MÉMOIRE.

Ingrid Bergman

La richesse promet plus de moyens d'être heureux qu'elle ne donne de bonheurs.

Anne Barratin, *Pensées* in *Œuvres posthumes* (1920)

Il me semble que le bonheur est cette espèce de secret qui veut que l'on soit indifférent au malheur, c'est-à-dire que l'on puisse en rire.

Madeleine Chapsal, *Les Écrivains en personne* (1960)

Nos joies les plus profondes ne tiennent pas à des bonheurs établis, mais à nos bonheurs retrouvés.

Gérard Bauër, *Éloge du désordre* (1926)

Une seule chose compte [...] c'est la gaieté, ne laisse jamais personne te l'enlever.

Christian Bobin, *La Folle Allure* (1995)

LE BONHEUR N'EST PAS LE FRUIT DE LA PAIX, LE BONHEUR C'EST LA PAIX MÊME.

Alain, *Propos sur le bonheur* (1925)

Le vois-tu bien là-bas, là-bas, là-bas ?
dit l'espérance.
Bourgeois, manants, rois et prélats
Lui font de loin la révérence.
C'est le bonheur, dit l'espérance.

Pierre-Jean de Béranger, *Le Bonheur*

Désespoir, amour, gaieté.
Qui a ces trois roses
enfoncées dans le cœur
a la jeunesse pour lui,
en lui, avec lui.

Christian Bobin, *La Plus Que Vive* (1996)

Le bonheur est futur
et la joie est toujours actuelle,
dans la présence sereine.
Le malheur, c'est le passé.

Réjean Bonenfant,
Un amour de papier (1990)

Le bonheur est en soi.

Boèce, *De la consolation de la philosophie* (v. 524)

LE CŒUR CONTENT EST UN FESTIN PERPÉTUEL.

Livre des Proverbes, 15,15

Les qualités extraordinaires font la gloire, celles de tous les jours font le bonheur.

Anne Barratin, *Pensées* in *Œuvres posthumes* (1920)

Les gens heureux sont ceux qui privilégient l'essentiel par rapport à l'accessoire, l'être à l'avoir, l'utile à l'agréable, le durable à l'éphémère, le suffisant au trop, le nécessaire au superflu, en fait les besoins aux désirs.

Robert Blondin, *Le Bonheur possible* (1983)

Le bonheur humain est composé de tant de pièces qu'il en manque toujours.

Bossuet

BONNE EST L'ACTION QUI N'AMÈNE AUCUN REGRET ET DONT LE FRUIT EST ACCUEILLI AVEC JOIE ET SÉRÉNITÉ.

Bouddha

Il y a quatre pensées illimitées : l'amour, la compassion, la joie et l'égalité d'âme.

Bouddha

*Certains matins, je suis
comme tout le monde,
je ne me trouve pas terrible.
Mais, malgré tout, j'aime
les rides autour de mes yeux.
Ce sont celles du bonheur.
Elles racontent mon
histoire…*

Sandrine Bonnaire,
interview accordée
au magazine *Gala*

La joie est le vrai bien ; tous les autres sont faux.

Edme Boursault

J'avais envie de dire que chacun de nous a son étoile. Qu'il faut savoir saisir sa chance.

Jean-Claude Brialy,
à propos de son livre
Le Ruisseau des singes

LE BONHEUR ÉTANT DANS L'ÉTONNEMENT, POURQUOI FAUT-IL QUE NOUS PASSIONS NOTRE TEMPS À FAIRE COMME S'IL NE FALLAIT S'ÉTONNER DE RIEN ?

Serge Bouchard

Chaque joie est un gain, et un gain est un gain, si petit soit-il.

Robert Browning, *Paracelsus* (1835)

Le bonheur est une chose bizarre. Les gens qui ne l'ont jamais connu ne sont peut-être pas réellement malheureux.

Louis Bromfield

IL N'Y A PAS DE HONTE À PRÉFÉRER LE BONHEUR.

Albert Camus, *La Peste* (1947)

C'EST LORSQUE RIEN N'ARRIVE QU'ON EST LE PLUS PRÈS DU BONHEUR.

Claude Cariguel

Vous venez de pénétrer dans l'univers du ridicule, mademoiselle. Tout ici est ridicule. La rumba est ridicule, le mambo est ridicule, le tango est ridicule, la valse est ridicule, mais à l'intérieur de tous ces ridicules, il y a peut-être le bonheur.

Patrick Cauvin, *Héloïse* (2008)

ON N'EST JAMAIS TOUT À FAIT MALHEUREUX.

Albert Camus, *L'Étranger* (1942)

Le bonheur n'est pas un état, c'est un réajustement constant, un cap à maintenir par corrections successives.

François Cavanna,
Les Pensées (1992)

Le bonheur, cette joie aiguë qui bouleverse le cœur, cette espèce de spasme de l'âme.

Carlo Cassola

Il en est du bonheur comme des montres. Les moins compliquées sont celles qui se dérangent le moins.

Chamfort, *Maximes et pensées* (1795)

On ne doit se résigner qu'au bonheur.

Alfred Capus

Qu'est-ce que le bonheur sinon le simple accord entre un être et l'existence qu'il mène ?

Albert Camus, *Noces* (1939)

Le plus heureux des hommes est celui qui désire le moins le changement de son état.

Émilie du Châtelet, Discours sur le bonheur *(1779)*

Le bonheur, c'est quand le temps s'arrête.

Gilbert Cesbron, *Don Juan en automne* (1975)

Le plaisir peut s'appuyer sur l'illusion, mais le bonheur repose sur la réalité.

Chamfort, *Maximes et pensées* (1795)

LE SEUL FAIT D'EXISTER EST UN VÉRITABLE BONHEUR.

Blaise Cendrars

LE VRAI BONHEUR COÛTE PEU ; S'IL EST CHER, IL N'EST PAS D'UNE BONNE ESPÈCE.

François René de Chateaubriand, *Mémoires d'outre-tombe* (1848)

Se débarrasser de la vie, c'est se priver du bonheur de s'en moquer. Unique réponse possible à quelqu'un qui vous annonce son intention d'en finir.

Emil Cioran, *Aveux et anathèmes* (1987)

Que le bonheur qu'on prend ne soit pas du malheur qu'on donne : je n'ai pas d'autre morale.

Maurice Chapelan, *Amours amour* (1967)

Le bonheur véritable est dans le fond de l'âme.

Louis-Claude Chéron de La Bruyère, *L'Homme à sentimens, ou le Tartuffe de mœurs* (1803)

Fais-leur comprendre qu'ils n'ont d'autre devoir au monde que de la joie.

Paul Claudel, *Le Père humilié* (1920)

Le bonheur est une denrée merveilleuse : plus on en donne, plus on en a.

Suzanne Curchod, dite madame Necker

Le bonheur est quelque chose qui se multiplie quand il se divise.

Paulo Coelho, *Sur le bord de la rivière Piedra je me suis assise et j'ai pleuré* (1994)

LE BONHEUR N'EST PAS LE BUT MAIS LE MOYEN DE LA VIE.

Paul Claudel, *Journal (1904-1955)*

Chacun est dans ce monde heureux à sa manière.

Jean-François Collin d'Harleville, *Le Vieux Célibataire* (1792)

Le bonheur est une longue patience...

Jean Cocteau,
Les Monstres sacrés *(1940)*

Le bonheur n'est pas un luxe ; il est en nous comme nous-mêmes.

Paul Claudel, *La Ville* (1893)

LE MALHEUR EST LE PÈRE DU BONHEUR DE DEMAIN.

Albert Cohen, *Solal* (1930)

Le bonheur est parfois une bénédiction – mais, le plus souvent, c'est une conquête.

Paulo Coelho, *Sur le bord de la rivière Piedra je me suis assise et j'ai pleuré* (1994)

LE BONHEUR ÉTAIT MA FATALITÉ, MON REMORDS, MON VER [...].

Arthur Rimbaud, *Une saison en enfer* (1873)

Le bonheur peut conduire à la grandeur suprême.

Corneille, Cinna ou la Clémence d'Auguste (*1641*)

CELUI QUI DÉPLACE LA MONTAGNE, C'EST CELUI QUI COMMENCE À ENLEVER LES PETITES PIERRES.

Confucius

IL N'Y PERSONNE QUI SOIT NÉ SOUS UNE MAUVAISE ÉTOILE, IL N'Y A QUE DES GENS QUI NE SAVENT PAS LIRE LE CIEL.

Tenzin Gyatso,
14e dalaï-lama

Le bonheur n'est pas un absolu, c'est un processus, un mouvement, un équilibre mais instable (on est plus ou moins heureux), une victoire mais toujours fragile, toujours à défendre, toujours à continuer ou à recommencer.

André Comte-Sponville, Le Bonheur, désespérément *(2000)*

La tempérance est un arbre qui a pour racine le contentement de peu, et pour fruits le calme et la paix.

Jean-Ferdinand Denis, *Le Brahme voyageur, ou la Sagesse populaire de toutes les nations* (1832)

L'homme est malheureux parce qu'il ne sait pas qu'il est heureux.

Fedor Dostoïevski

Un homme heureux est une barque qui navigue sous un vent favorable.

Proverbe chinois

Le grand art d'être heureux n'est que l'art de bien vivre.

Jean-François Ducis

Le bonheur se compose pour l'homme de l'union intime des plaisirs physiques avec ceux de l'âme et ceux de l'intelligence : c'est du passage sans secousse des uns aux autres que résulte l'harmonie entre toutes les facultés, comme de la fonte habile des teintes naît cette magie de coloris qui donne la vie à un tableau.

Jean-Baptiste Claude Delisle de Sales, *De la Philosophie du bonheur* (1796)

Un premier événement heureux fait germer en nous l'espérance d'un second ; et c'est peut-être là l'origine du proverbe qu'un bonheur ne vient point sans un autre.

Denis Diderot, *La Religieuse* (1796)

Le bonheur n'est pas un paradis fermé séparé du monde, il est à la fois la source et l'océan.

Dugpa Rimpoché, *Préceptes de vie* (1996)

Tout désirer : chagrin ; tout accepter : joie.

Proverbe japonais

La vie est un paradis où nous sommes tous, mais nous ne voulons pas le savoir, sinon demain la Terre entière deviendrait un paradis.

Fedor Dostoïevski,
Les Frères Karamazov (1880)

Nous tenons ces vérités comme évidentes, que tous les hommes sont créés égaux, qu'ils sont dotés par leurs créateurs de certains droits inaliénables, parmi lesquels la vie, la liberté, et la poursuite du bonheur.

Préambule à la déclaration d'indépendance des États-Unis (1776)

LE BONHEUR ÇA SE TROUVE PAS EN LINGOTS, MAIS EN P'TITE MONNAIE !

Bénabar, *La P'tite Monnaie* (1997)

Tout pourrait être mieux, mais tout pourrait être plus mal. Donc tout est bien !

Henri Duvernois

Les gens heureux n'ont pas besoin de se presser.

Proverbe chinois

Pour l'esprit terne, toute la nature est terne. Pour l'esprit illuminé, le monde entier flambe et rayonne.

Ralph Waldo Emerson

L'HOMME NAÎT TOUT PRÊT POUR LA DOULEUR, AVEC UN APPAREIL HÉRÉDITAIRE DE TRANSFORMATION ET DE RÉSISTANCE, DONT LA PIÈCE MAJEURE EST LA JOIE.

Léon Daudet

ON A TOUS UNE PLACE AU SOLEIL.

Il ne faut pas de tout pour faire un monde. Il faut du bonheur et rien d'autre.

Paul Éluard, Le Château des pauvres *(1946)*

QUI N'A PAS SENTI LE BESOIN NE CONNAÎT PAS LE BONHEUR.

Proverbe russe

Le bonheur c'est la fleur à mon oreille,
C'est le chant d'un oiseau dans le matin,
C'est mon cœur qui s'invente des merveilles,
Même quand tu ne me dis rien.
Dalida, *Le Bonheur* (1960)

Le bonheur est un parfum que l'on ne peut répandre sur autrui sans en faire rejaillir quelques gouttes sur soi-même.

Ralph Waldo Emerson

Le bonheur ne consiste pas à acquérir et à jouir, mais à ne rien désirer, car il consiste à être libre.

Épictète, *Manuel* (IIe siècle)

Les grands bonheurs viennent du ciel, les petits bonheurs viennent de l'effort.

Proverbe chinois

Paix et tranquillité, voilà le bonheur.

Proverbe chinois

Ne pas avoir faim, ne pas avoir soif, ne pas avoir froid ; celui qui dispose de cela, et a l'espoir d'en disposer à l'avenir, peut lutter comme il arrive, et coulera des jours heureux.

Épicure, *Sentences vaticanes*

Bonheur : sensation de bien-être qui peut conduire à l'imprudence. Si vous nagez dans le bonheur, soyez prudent, restez là où vous avez pied.

Marc Escayrol

IL N'Y A PAS QUE LE BONHEUR QUI REND HEUREUX.

Annie Ernaux à l'émission *Bouillon de culture* (2001)

J'ai appris que le bonheur c'est de savoir que le bonheur n'existe pas.

René Fallet, *L'Amour baroque* (1971)

Les rêves, les désirs et les espoirs sont les étoiles de nos vies !

Michel Bouthot

Nous devons méditer sur les causes qui peuvent produire le bonheur puisque, lorsqu'il est à nous, nous avons tout, et que, quand il nous manque, nous faisons tout pour l'avoir.

Épicure, *Lettre à Ménécée*

Notre souffrance, dans l'immédiat, est faite pour s'intégrer dans l'ordre du monde, où elle se transforme en équilibre, donc en bonheur.

Jean Éthier-Blais, *Entre toutes les femmes* (1988)

Le plus grand bonheur ? Avoir tous les vices du monde, sans les reproches ni les remords qui les accompagnent.

Julien Féret

L'optimiste est un être bien accordé, vibrant harmonieusement avec tout ce qui l'entoure.

Jules Fiaux

L'homme heureux n'a pas de chemise.

Le bonheur est un rêve d'enfant réalisé à l'âge adulte.

Sigmund Freud

La vie peut être un champ de fleurs ou une prison, cela dépend du sens de notre regard et de notre volonté à en percevoir la vraie dimension.

Jean Gastaldi

Le seul bonheur consiste dans l'attente du bonheur.

Proverbe iranien

Une vie de sacrifice est le sommet suprême de l'art. Elle est pleine d'une véritable joie.

Gandhi, *Lettres à l'ashram* (1948)

Le bonheur c'est l'orgasme du bien-être.

Le bonheur c'est ce chien, notre compagnon, qui guette le moindre geste d'affection et qui nous fait fondre avec son regard plein de confiance.

Jean Gastaldi

C'EST UN DEVOIR QUE DE SE FAIRE HEUREUX.

André Gide, *Journal 1889-1939*

Rien ne vous donne de l'esprit comme le bonheur.

Charles Fuster, *Essais de critique* (1886)

LE MALHEUR PEUT ÊTRE UN PONT VERS LE BONHEUR.

Proverbe japonais

IL N'Y A PAS DE BONHEUR INTELLIGENT.

Jean Rostand, *Carnets d'un biologiste* (1959)

On appelle bonheur un concours de circonstances qui permette la joie.

André Gide

Le bonheur habite le présent, et le plus quotidien des présents.

Jean Giono,
La Chasse au bonheur
(1988)

Le bonheur c'est cette chanson qui évoque notre enfance et nous plonge dans les souvenirs d'un autre bonheur.

Jean Gastaldi

LE BONHEUR EST UNE PETITE CHOSE QU'ON GRIGNOTE, ASSIS PAR TERRE, AU SOLEIL.

Jean Giraudoux

LE BONHEUR EST UNE FLEUR QUI SE CUEILLE EN DOUCEUR.

Proverbe français

La liberté ne fait pas le bonheur… Je n'ai jamais été si heureux que sous la contrainte.

André Gide cité par Maria Van Rysselberghe, *Les Cahiers de la petite dame : notes pour l'histoire authentique d'André Gide*

Le bonheur c'est le murmure du ruisseau au détour du chemin qui régule notre marche.

Jean Gastaldi

LE BONHEUR EST UNE HABITUDE À CULTIVER.

Proverbe anglais

Bonheur : faire ce que l'on veut et vouloir ce que l'on fait.

Françoise Giroud, *Ce que je crois* (1978)

Dans la plénitude du bonheur, chaque jour est une vie tout entière.

Goethe, *Maximes et réflexions* (1833)

Le bonheur est une recherche. Il faut y employer l'expérience et son imagination.

Jean Giono, *Voyage en Italie* (1953)

LE BONHEUR A LES BRAS OUVERTS ET LES YEUX FERMÉS.

Proverbe allemand

L'âme heureuse, par l'irradiation de l'amour, propage le bonheur autour d'elle.

André Gide

Il n'y a pas d'autre bonheur que la paix.

Proverbe thaï

Il n'y aurait pas de bonheur si le malheur n'y avait pas aidé.

Proverbe russe

Il m'a fallu dépasser le milieu de l'âge pour acquérir la certitude que le bonheur était le but de ma vie, comme il est le but de toute l'humanité, comme il est le but de tout le monde vivant.

Georges Duhamel, *La Possession du monde* (1919)

Le bonheur se donne à celui qui a vaincu sa peur de vivre, et qui considère sa vie comme une étincelle sacrée, dans la large continuité des âges.

Dugpa Rimpoché, *Préceptes de vie* (1996)

Il n'y a de vrai bonheur que celui que personne ne connaît.

Alexandre Dumas fils, *Le Demi-Monde* (1855)

Chacun porte son bonheur en soi.

Witold Gombrowicz, *Ferdydurke* (1937)

L'homme le plus heureux est celui qui sait mettre en rapport la fin de sa vie avec le commencement.

Goethe, *Maximes et réflexions* (1833)

Il n'y a pas qu'un jour, demain aussi le soleil brillera.

Proverbe africain

Le bonheur ne se cherche pas : on le rencontre. Il n'est que de savoir le reconnaître et de pouvoir l'accueillir.

Bernard Grasset, *Remarques sur le bonheur* (1931)

Le désir joint à la possession, un désir toujours vif avec une possession toujours imperturbable, voilà le bonheur parfait.

Abbé de Gourcy, *Essai sur le bonheur* (1777)

Il n'est point de bonheur sans nuage.

Ce n'est pas à la possession des biens qu'est attaché le bonheur, mais à la faculté d'en jouir. Le bonheur n'est qu'une aptitude.

Bernard Grasset, *Remarques sur le bonheur* (1931)

Le bonheur n'est pas un paradis chimérique, inaccessible. Il est l'ombre lumineuse de toi-même, le refuge doré, le jardin paisible où les adversaires sont réconciliés.

Dugpa Rimpoché, *Préceptes de vie* (1996)

Ça doit être ça, après tout, le bonheur : la satisfaction de ne pas être l'autre.

Daniel Pennac, *Monsieur Malaussène* (1995)

Être heureux et porter bonheur vaut mieux qu'être rusé.

Proverbe peul

Est heureux qui croit l'être.

Le bonheur
c'est de vivre
à la bonne heure
à chaque moment
de sa vie.

Jean Gastaldi

Les passions sont à la nature humaine ce que les vents sont à la navigation. Sans passions, l'homme est nul ; mal dirigées, il en est tourmenté ; bien gouvernées, il vogue à pleines voiles vers son bonheur.

André-Ernest-Modeste Grétry

C'est grand bonheur d'avoir ce que l'on désire, mais c'est encore plus grand bonheur de ne désirer que ce que l'on a.

Le monde
appartient aux
optimistes,
les pessimistes
ne sont que des
spectateurs.

François Guizot

Est heureux qui peut mais ne l'est pas qui veut.

SUR LES FLOTS, SUR LES GRANDS CHEMINS, NOUS POURSUIVONS LE BONHEUR. MAIS IL EST ICI, LE BONHEUR.

Horace

Mieux vaut posséder la joie que l'empire.

Huainanzi
(IIe siècle av. J.-C.)

Il n'y a pas d'écologie du bonheur, il n'y a que le bonheur. Il n'admet ni pollution ni recyclage !

Jean Gastaldi

LE BONHEUR EST PARFOIS CACHÉ DANS L'INCONNU.

Victor Hugo

LE BONHEUR C'EST CE SENTIMENT D'ÊTRE BIEN POUR UNE ÉTERNITÉ.

Jean Gastaldi

Il est impossible d'avoir quelque chose pour rien ? Le bonheur, il faut le payer.

Aldous Huxley, Le Meilleur des mondes *(1931)*

Pour être heureux, il faut que la passion soit joyeuse et gaie. La propension à l'espoir et à la joie, c'est la richesse réelle ; la propension à la crainte et au chagrin, c'est la pauvreté véritable.

David Hume

CHERCHER LE BONHEUR DANS CETTE VIE, C'EST LÀ LE VÉRITABLE ESPRIT DE RÉBELLION.

Henrik Ibsen

La chance, ce n'est pas une question de veine. Il faut la vouloir.

Henri Jeanson

LE BONHEUR EST JUSTE À TA PORTÉE, IL N'EST PAS BESOIN D'ALLER LE CHERCHER DANS LE JARDIN DU VOISIN.

Douglas William Jerrold

Le plaisir n'est que le bonheur d'un point du corps. Le vrai bonheur, le seul bonheur, tout le bonheur est dans le bien-être de toute l'âme.

Joseph Joubert, *Carnets*

LE BONHEUR SUPPRIME LA VIEILLESSE.

Franz Kafka

Le bonheur, c'est tout de suite ou jamais.

Marcel Jouhandeau,
Éléments pour une éthique (1955)

DES MALHEURS ÉVITÉS LE BONHEUR SE COMPOSE.

Alphonse Karr,
Les Guêpes
(1839-1849)

LE SENS DE LA VIE C'EST JUSTEMENT DE S'AMUSER AVEC LA VIE.

Milan Kundera

LE BONHEUR N'EST PAS UN GROS DIAMANT, C'EST UNE MOSAÏQUE DE PETITES PIERRES HARMONIEUSEMENT RANGÉES.

Alphonse Karr

Le plus grand besoin d'un peuple est d'être gouverné et son plus grand bonheur d'être bien gouverné.

Joseph Joubert, *Carnets*

Les grands seigneurs ont des plaisirs, le peuple seul a de la joie.

Jean-Benjamin de Laborde, Pensées et maximes *(1791)*

Le bonheur ou le malheur, à partir du moment où l'on possède de quoi se nourrir, se couvrir, se loger, on les porte en soi.

Henri Laborit, *Copernic n'y a pas changé grand-chose* (1980)

L'espérance est un emprunt fait au bonheur.

Joseph Joubert, *Pensées*

Le bonheur est la vocation de l'homme.

Henri Lacordaire

Que pouvons-nous demander de plus que d'être heureux un instant ?

Milan Kundera, *Jacques et son maître* (1981)

LE BONHEUR, C'EST TOUT CE QUI ARRIVE ENTRE DEUX EMMERDEMENTS…

Jean-Baptiste Lafond

Le bonheur est une joie secrète qui se vit comme en songe.

Robert Lalonde, *Le Diable en personne* (1989)

LE BONHEUR EST UN MÉTIER, IL S'APPREND.

Marie Laforêt

Je travaille à être heureux : c'est le plus beau des métiers.

Robert Lassus, Journal d'un curieux de campagne (*1981*)

Je ne sépare pas l'idée du bonheur de l'idée de perfection.

Anne-Thérèse de Marguenat de Courcelles, marquise de Lambert

LE BONHEUR C'EST LE SOURIRE DU CŒUR.

Delphine Lamotte

L'homme content de son sort ne connaît pas la ruine.

Lao-tseu

LE FONDEMENT DU BONHEUR EST DANS LA PAIX DE L'âme.

Anne-Thérèse de Marguenat de Courcelles, marquise de Lambert,
Avis d'une mère à son fils (1726)

AU-DESSUS DU DEVOIR, IL Y A LE BONHEUR.

Paul Léautaud, *Passe-Temps* (1928)

Le bonheur est surtout de l'espérance réalisable, mais non réalisée encore.

Gustave Le Bon, Aphorismes du temps présent *(1913)*

LE BONHEUR COMPENSE EN INTENSITÉ CE QUI LUI MANQUE EN DURÉE.

Robert Frost

Un verre de bonheur Remplit tout le corps.

Charles de Leusse

La nécessité de rechercher le véritable bonheur est le fondement de notre liberté.

John Locke, *Essai sur l'entendement humain* (1689)

Le bonheur c'est quelque chose d'intime, de chaud, c'est une vérité morale, quelque chose qui nous comble d'une joie unique, inoubliable et qui nous marque pour la vie.

Reine Malouin, *Où chante la vie* (1962)

Un ton seul n'est qu'une couleur, deux tons c'est un accord, c'est la vie.

Henri Matisse

J'ai appris qu'une vie ne vaut rien, mais rien ne vaut la vie.

André Malraux

LE BONHEUR, C'EST SAVOIR CE QUE L'ON VEUT ET LE VOULOIR PASSIONNÉMENT.

Félicien Marceau

Il y a dans tous les succès humains une part mal définie de bonheur.

André Maurois, *Lyautey* (1931)

Toutes les richesses du monde ne valent pas un instant de bonheur. Tous les pouvoirs du monde ne valent pas un moment d'amour. Toutes les puissances du monde ne valent pas un éclat de joie.

Alain Merheb

LE BONHEUR, C'EST D'ÊTRE CERNÉ DE MILLE DÉSIRS, D'ENTENDRE, AUTOUR DE SON CORPS, CRAQUER DES BRANCHES.

François Mauriac, *Le Mal* (1923)

LE BONHEUR NE M'ENNUIE JAMAIS.

Henry de Montherlant, *Carnets* (1957)

La joie est pareille à un fleuve : rien n'arrête son cours.

Henry Miller, *Le Sourire au pied de l'échelle* (1948)

Le bonheur est une fleur qu'il ne faut pas cueillir.

André Maurois, *Mémoires* (1970)

Le bonheur existe. Il est dans l'amour, la santé, la paix, le confort matériel, les arts, la nature et encore à des milliers d'endroits.

Michèle Morgan, *Pourquoi pas le bonheur ?* (2006)

Le bonheur est une denrée merveilleuse : plus on en donne, plus on en a.

Suzanne Curchod, madame Necker

Le bonheur tient aux événements, la félicité tient aux affections.

Napoléon Ier

Un souvenir heureux est peut-être sur Terre plus vrai que le bonheur.

Alfred de Musset, *Souvenir* (1841)

L'imagination dispose de tout ; elle fait la beauté, la justice, et le bonheur, qui est le tout du monde.

Blaise Pascal, Pensées *(1670)*

LE BONHEUR C'EST PRÉCISÉMENT DE N'AVOIR AUCUN DÉSIR DE CHANGER CEUX QUE L'ON AIME.

André Maurois, *Lettres à l'inconnue* (1956)

Il est bon quelquefois
de s'aveugler soi-même,
Et bien souvent l'erreur
est le bonheur suprême.

Philippe Néricault, dit Destouches,
Le Glorieux (1732)

LE BONHEUR EST UNE RÉCOMPENSE QUI NOUS PERMET DE TENIR BON MALGRÉ LES DIFFICULTÉS DE LA VIE.

Jean Gastaldi

Le bonheur,
à vrai dire,
est toute la sagesse,
Et rêver est tout
le bonheur.

Charles Nodier, *Poésies*

Il n'est point de bonheur sans liberté, ni de liberté sans courage.

Périclès

Le bonheur n'est jamais immobile ; le bonheur, c'est le répit dans l'inquiétude.

André Maurois, *Climats* (1928)

Qu'une vie est heureuse quand elle commence par l'amour et finit par l'ambition. Si j'avais à en choisir une, je prendrais celle-ci.

Blaise Pascal, *Discours sur les passions de l'amour* (1652-1653)

Une amie me disait : « Quand j'accélère la cadence, je pense moins à lui. Et c'est mieux comme ça. » Et si le bonheur était une question de rythme ?

Christine Orban, *Petites phrases pour traverser la vie en cas de tempête… et par beau temps aussi* (2007)

Le bonheur continu nous rend audacieux.

Charles Perrault

LE BONHEUR EST TOUJOURS UNE QUÊTE À RENOUVELER.

Michel Piccoli

– Le vrai bonheur ne cite pas ses sources.
– Pourquoi ? [...]
– Pour ne pas rendre le bon Dieu jaloux.

Daniel Pennac, *Messieurs les enfants* (1997)

Le premier de tous les biens, c'est une heureuse fortune ; le second, c'est une bonne renommée ; et celui qui les rencontre et les saisit tous les deux ceint son front de la plus éclatante couronne.

Pindare, Première Pythique
Ve siècle av. J.-C.

Le bonheur n'est pas dans les événements. Il est dans le cœur de ceux qui les vivent.

André Maurois, *Lettres à l'inconnue* (1956)

Le bonheur, c'est la permanence de l'éphémère.

Jean-Baptiste Portalis

La vie est comme un arc-en-ciel : il faut de la pluie et du soleil pour en voir les couleurs.

A. Ramaiya

La recherche du bonheur est la recherche de nous-mêmes. Le bonheur est différent pour chacun de nous ; il est différent comme les vocations : identique et uniforme, il serait sa propre négation.

Jean Prieur, *Les Maîtres de la pensée positive* (1982)

Le bonheur que l'on attend est plus beau que celui dont on jouit...

André Maurois, *Les Roses de septembre* (1956)

Être heureux, c'est sans importance. Il s'agit de se croire heureux.

Charles Régismanset, *Nouvelles Contradictions* (1939)

On a dit que la beauté est une promesse de bonheur. Inversement la possibilité du plaisir peut être un commencement de beauté.

Marcel Proust, *La Prisonnière* (1923)

Le bonheur est un dieu qui marche les mains vides et regarde la vie les yeux baissés.

Henri de Régnier, *Vestigia flammae* (1921)

Le bonheur, c'est d'être heureux ; ce n'est pas de faire croire aux autres qu'on l'est.

Jules Renard, *Journal, 1887-1910* (1925)

Le bonheur n'est pas une plante sauvage, qui vient spontanément, comme les mauvaises herbes des jardins : c'est un fruit délicieux, qu'on ne rend tel, qu'à force de culture.

Restif de La Bretonne

Est-il d'autre bonheur que la tranquille paix d'un cœur qui t'aime ?

Racine, *Athalie* (1691)

La joie est le soleil des âmes ; elle illumine celui qui la possède et réchauffe tous ceux qui en reçoivent les rayons.

Carl Reysz

LE BONHEUR, C'EST DE LE CHERCHER.

Jules Renard, *Journal, 1887-1910* (1925)

Le bonheur est en quelque sorte ce qui met un point d'arrêt à la fuite en avant du désir.

Paul Ricœur, *Soi-même comme un autre* (1990)

Tous les dragons de notre vie ne sont peut-être que des princesses qui attendent de nous voir heureux ou courageux.

Rainer Maria Rilke

Le vrai bonheur est une contemplation active.

André Suarès, Remarques

LE BONHEUR, C'EST DE CONNAÎTRE SES LIMITES ET DE LES AIMER.

Romain Rolland, *Jean-Christophe* (1904-1912)

LE BONHEUR EST LE PARFUM DE L'ÂME, L'HARMONIE DU CŒUR QUI CHANTE.

Romain Rolland, *Jean-Christophe* (1904-1912)

Encore un coup, le vrai bonheur ne se décrit pas, il se sent, et se sent d'autant mieux qu'il peut le moins se décrire, parce qu'il ne résulte pas d'un recueil de faits, mais qu'il est un état permanent.

Jean-Jacques Rousseau, *Les Confessions* (1765-1770)

HEUREUX QUI PLUS RIEN NE DÉSIRE !

Pierre de Ronsard

Le bonheur est moins absorbant que la plus petite des souffrances.

Jean Rostand, *Pages d'un moraliste* (1952)

C'est mourir avant l'heure que de faire des économies de vie. Le bonheur ce n'est pas de gagner du temps ; c'est de savoir le perdre.

Claude Roy

Ne pas dénombrer ses raisons de vivre : le bonheur n'est pas cartésien.

Jean Rostand, *Inquiétudes d'un biologiste* (1967)

Pour moi le bonheur, c'est d'être bien.

Françoise Sagan

La plupart des hommes font du bonheur une condition. Mais le bonheur ne se rencontre que lorsqu'on ne pose pas de condition.

Arthur Rubinstein

Si tu veux comprendre le mot bonheur, il faut l'entendre comme récompense et non comme but.

Antoine de Saint-Exupéry

Le bonheur n'a point d'enseigne extérieure ; pour le connaître, il faudrait lire dans le cœur de l'homme heureux.

Jean-Jacques Rousseau

開運招福
開運招福
開運招福

Lorsqu'on souffre d'une vraie souffrance, comme on regrette même un faux bonheur !

Armand Salacrou, Histoire de rire (1940)

Le bonheur, c'est un choix.

David Sandes, *La Méthode miraculeuse de Félix Bubka* (2004)

Quand je réfléchis sur ce que j'appelle Bonheur, il me semble que c'est un sentiment d'approbation de l'état où je suis, d'où naît que j'appelle constamment joie, tranquillité d'âme.

Thémiseul de Saint-Hyacinthe, *Recherches philosophiques : sur la nécessité de s'assurer par soi-même de la vérité, sur la certitude de nos connoissances et sur la nature des êtres* (1743)

L'essentiel pour le bonheur de la vie, c'est ce que l'on a en soi-même.

Arthur Schopenhauer, *Aphorismes sur la sagesse dans la vie* (1886)

Tous veulent vivre heureux, amis quand il s'agit de voir nettement ce qui rend la vie heureuse, ils sont dans l'obscurité.

Sénèque, *Sur la vie heureuse* (Ier siècle)

RWL
RWL

Le bonheur n'est jamais triste ou gai. Il est le bonheur.

Armand Salacrou, *Histoire de rire* (1940)

Les hauts moments des cultures commencent par ces grands éclats de gaieté juvénile : la créativité rit.

Michel Serres, *Le Tiers-Instruit* (1991)

Heureux, donc, celui dont le jugement est droit ; heureux celui qui se contente des biens qui s'offrent à lui aujourd'hui, quels qu'ils soient, et aime ce qu'il possède ; heureux celui pour qui la raison décide de la valeur de tout ce qui lui appartient !

Sénèque, *Sur la vie heureuse* (Ier siècle)

La beauté n'est que la promesse du bonheur.

Stendhal, *De l'amour* (1822)

LE BONHEUR EST COMME L'ÉCHO : IL VOUS RÉPOND MAIS NE VIENT PAS.

Carmen Sylva

LE BONHEUR C'EST LE PLAISIR SANS REMORDS.

Socrate

Un homme est heureux tant qu'il décide de l'être, et nul ne peut l'en empêcher.

Alexandre Issaïevitch Soljénitsyne

S'il vous arrive de passer une journée ou quelques heures, seul, sans travailler, vous amertumer, attendre, vous êtes heureux.

Jean Sulivan, *L'Écart et l'Alliance* (1980)

TOUT BONHEUR QUE LA MAIN N'ATTEINT PAS N'EST QU'UN RÊVE.

Joséphine Soulary

La joie est le passage de l'homme d'une moindre à une plus grande perfection.

Baruch Spinoza, *Éthique* (1677)

Le bonheur pour moi, c'est de ne commander à personne et de n'être pas commandé.

Stendhal, *Vie de Henry Brulard* (1890)

La joie réside au plus intime de l'âme ; on peut aussi bien la posséder dans une obscure prison que dans un palais.

Sainte Thérèse de Lisieux.

La vie est beauté, admire-la,
La vie est béatitude, savoure-la,
La vie est un rêve, fais-en une réalité,
[…]
La vie est une aventure, ose-la,
La vie est bonheur, mérite-le.

Anjezë Gonxhe Bojaxhiu
(Mère Teresa)

Le bonheur n'existe pas si l'on n'en a pas la conscience claire.

Maurice Toesca

Le bonheur, c'est se trouver toujours en état d'être agréablement déçu.

Jonathan Swift

Le bonheur n'est pas un état, c'est un chemin qui se fraye.

Raoul Vaneigem

LE BONHEUR EST UNE CHOSE QUI SE VIT ET SE SENT, ET NON QUI SE RAISONNE ET SE DÉFINIT.

Miguel de Unamuno,
Le Sentiment tragique de la vie chez les hommes et chez les peuples
(1913)

LE BONHEUR EST COMME L'AIR QU'ON RESPIRE : CHACUN PEUT EN PRENDRE AUTANT QU'IL VEUT.

Van Minh

L'homme heureux est celui qui se retrouve avec plaisir au réveil, se reconnaît celui qu'il aime être.

Paul Valéry, *Mélange*

S'il est vrai que nos joies sont courtes, la plupart de nos afflictions ne sont pas longues.

Luc de Clapiers, marquis de Vauvenargues

Le bonheur n'est jamais qu'en face.

Alexandre Vialatte, *Dernières nouvelles de l'homme* (1978)

Le plaisir est un sentiment agréable et passager : le bonheur, considéré comme sentiment, est une suite de plaisirs.

Voltaire, article « Félicité » du *Dictionnaire philosophique* (1764)

Heureux celui qui a pu pénétrer les causes secrètes des choses.

Virgile

La chance est un hasard, le bonheur une vocation.

Alexandru Vlahuta

La joie n'est pas dans les choses, elle est en nous.

Richard Wagner

LE PARADIS TERRESTRE EST OÙ JE SUIS.

Voltaire

**Le bonheur,
c'est quand on veut
que demain soit
un autre aujourd'hui.**

Bernard Werber

LA CHOSE LA PLUS COMMUNE, DÈS QU'ON NOUS LA CACHE, DEVIENT UN DÉLICE.

Oscar Wilde,
Le Portrait de Dorian Gray
(1891)

TOUT BONHEUR EST UNE INNOCENCE.

Marguerite Yourcenar,
Alexis ou le Traité du vain combat (1929)

Je n'ai qu'une passion, celle de la lumière, au nom de l'humanité qui a tant souffert et qui a droit au bonheur.

Émile Zola, *J'accuse*
(1898)

Tout bonheur est un chef-d'œuvre.

Marguerite Yourcenar, *Mémoires d'Hadrien* (1951)

LE BONHEUR, C'EST CE QUI FONCTIONNE.

Fritz Zorn,
Mars (1979)

Il y a du bonheur dans toute espèce de talent.

Honoré de Balzac,
Le Cabinet des antiques (1838)

À quelque chose, bonheur aussi est bon.

Pierre Reverdy, *En vrac* (1929)

Que me sont des trésors, comparés à la lumière
Du soleil et à des heures vécues en plein bonheur ?

Stefan Zweig, *Thersite* (1907)

Quelques recettes pour être heureux…

NOUS DEVRIONS PASSER DE LA PRODUCTION DE MASSE À LA SATISFACTION INDIVIDUELLE.

Jean Abraham

Si on raconte son bonheur, on le diminue.

Marcel Achard, Gugusse *(1969)*

Faire et non subir, tel est le fond de l'agréable.

Alain, *Propos sur le bonheur* (1925)

LE BONHEUR VIENT VERS CEUX QUI CROIENT EN LUI.

Ali Ibn Abi Talib

Plus on est accessible à la beauté, plus riche est notre capacité de bonheur.

Pierre Aguétant, *Le Cœur secret* (1921)

Il faut prêcher sur la vie, non sur la mort ; répandre l'espoir et non la crainte ; et cultiver en commun la joie, vrai trésor humain. C'est le grand secret des sages et ce sera la lumière de demain.

Alain, *Propos sur le bonheur* (1925)

LE BONHEUR EST À CEUX QUI SE SUFFISENT À EUX-MÊMES.

Aristote, *Éthique à Eudème* (IVe s. av. J.-C.)

Ceux qui peuvent dématérialiser toutes leurs ambitions tiennent la clef du bonheur.

Augusta Amiel-Lapeyre, *Pensées sauvages* (1930)

Il ne faut pas croire exagérément au bonheur. On ne se ménage que des déceptions.

Jean Anouilh, *Eurydice* (1942)

HEUREUX QUI SE REPEND, PLUS HEUREUX QUI PARDONNE.

Antoine-Vincent Arnault, *Blanche et Montcassin, ou les Vénitiens* (1798)

Celui-là seul est bien heureux qui vit selon sa volonté, et nul n'est heureux s'il n'est juste.

Saint Augustin

Il faut vouloir être heureux et y mettre du sien. Si l'on reste dans la position du spectateur impartial, laissant seulement entrée au bonheur et portes ouvertes, c'est la tristesse qui entrera.

Alain, *Propos sur le bonheur* (1925)

C'est de par leur caractère que les hommes sont ce qu'ils sont, mais c'est de par leurs actions qu'ils sont heureux, ou le contraire.

Aristote, Poétique
(IVe s. av. J.-C.)

POUR ÊTRE HEUREUX, IL FAUT PENSER AU BONHEUR D'UN AUTRE.

Gaston Bachelard,
La Psychanalyse du feu (1938)

Contentez-vous de ce que vous avez et faites-en bon usage.

Robert Baden-Powell

L'OPTIMISME EST UNE FORME DE COURAGE QUI DONNE CONFIANCE AUX AUTRES ET MÈNE AU SUCCÈS.

Robert Baden-Powell

Il n'y a de bonheur possible pour personne sans le soutien du courage.

Alain, *Minerve ou de la sagesse* (1939)

Le bonheur de demain n'existe pas. Le bonheur, c'est tout de suite ou jamais. Ce n'est pas organiser, enrichir, dorer, capitonner la vie, mais savoir la goûter à tout instant.

René Barjavel,
Si j'étais Dieu... (1976)

Heureux est l'homme qui s'endort en se disant qu'il a fait ce qu'il pouvait faire.

Bhagavad-Gita

La joie ne peut éclater que parmi des gens qui se sentent égaux.

Honoré de Balzac,
La Vendetta (1830)

Il n'y a qu'une manière de résister au froid, c'est d'en être content.

Alain, *Propos sur le bonheur* (1925)

Donnez à votre générosité un petit air de bonheur, il en doublera le prix.

Anne Barratin, Pensées *in* Œuvres posthumes *(1920)*

UN SOURIRE EST UNE CLÉ SECRÈTE QUI OUVRE BIEN DES CŒURS.

Robert Baden-Powell

MON ENFANCE M'A DOTÉE D'UN OPTIMISME VITAL. PRESQUE TOUJOURS JE ME SUIS SENTIE BIEN DANS MA PEAU ET J'AI FAIT CONFIANCE À MON ÉTOILE.

Simone de Beauvoir, *Tout compte fait* (1972)

Nous sommes tous sourds quand cela arrange notre bonheur. Cela repose un peu de ne pas tout entendre.

Tahar Ben Jelloun, *L'Auberge des pauvres* (1997)

Le bonheur de l'homme commence quand il y renonce.

Anne Barratin, *De vous à moi* (1892)

L'effort qu'on fait pour être heureux n'est jamais perdu.

Alain, *Propos sur le bonheur* (1925)

Rien ne désarme comme le rire.

Henri Bergson, *Le Rire* (1899)

NOTRE VIE EST POUR UNE GRANDE PART COMPOSÉE DE RÊVES. IL FAUT LES RATTACHER À L'ACTION.

Anaïs Nin

Apprenons, avant toute chose, à n'être pas éblouis du bonheur qui ne remplit pas le cœur de l'homme.

Bossuet, *Oraison funèbre d'Anne de Gonzague de Clèves* (1684)

LA JOIE DU CŒUR, VOILÀ
LA VIE DE L'HOMME.
LA GAIETÉ, CE QUI
PROLONGE LES JOURS.

L'Ecclésiastique, 30,22

Recette pour aller mieux. Répéter souvent ces trois phrases : le bonheur n'existe pas. L'amour est impossible. Rien n'est grave.

Frédéric Beigbeder, *L'amour dure trois ans* (1997)

Il faut laisser le passé dans l'oubli et l'avenir à la Providence.

Bossuet

Les vrais problèmes sont d'abord amers à goûter ; le plaisir viendra à ceux qui auront vaincu l'amertume.

Alain, *Propos sur l'éducation* (1932)

L'ÉNERGIE EST LA JOIE ÉTERNELLE.

William Blake

Qui vit content de rien possède toute chose.

Nicolas Boileau

LE RIRE EST L'ANTIDOTE DE LA MOROSITÉ ET DE L'ENNUI : IL DISSIPE LES IDÉES MORBIDES ET SE FAIT SOUVENT LE GARANT D'UNE BONNE SANTÉ MENTALE. LES GENS QUI RIENT SONT DES GENS HEUREUX : ILS N'ONT PAS D'HISTOIRE.

Ève Bélisle, *Pension de famille* (1984)

QUELLE CHOSE MERVEILLEUSE SERAIT LA SOCIÉTÉ DES HOMMES SI CHACUN METTAIT DE SON BOIS AU FEU AU LIEU DE PLEURNICHER SUR DES CENDRES !

Alain, *Propos sur le bonheur* (1925)

Celui qui se livre à des méditations claires trouve rapidement la joie dans tout ce qui est bon. Il voit que les richesses et la beauté sont impermanentes et que la sagesse est le plus précieux des joyaux.

Bouddha

Il faut savoir joindre l'agréable à l'agréable et se contenter de beaucoup.

Jean-Claude Carrière, *Détails de ce monde* (2004)

Refais chaque jour le serment d'être heureux.

Alain, Propos sur le bonheur *(1925)*

La vie n'est point une farce ni une suite de vaines parades ; elle doit être variée d'occupations et de plaisirs, proportionnée aux différents âges : c'est par le bon usage qu'on en fait que s'acquiert cette heureuse disposition de l'âme qu'on appelle le bonheur...

Boudier de Villemert, *L'Ami des femmes* (1774)

UN HOMME QUI SAIT SE RENDRE HEUREUX AVEC UNE SIMPLE ILLUSION EST INFINIMENT PLUS MALIN QUE CELUI QUI SE DÉSESPÈRE AVEC LA RÉALITÉ.

Alphonse Allais, *Œuvres posthumes, 1877-1905*

La beauté est une source inépuisable de joie pour celui qui sait la découvrir.

Alexis Carrel, L'Homme cet inconnu *(1935)*

FAIS DU BIEN À TON CORPS POUR QUE TON ÂME AIT ENVIE D'Y RESTER.

Janine Casavecchie, *Une idée positive par jour* (2007)

L'HUMILITÉ PRÉCÈDE LA GLOIRE.

Livre des proverbes, 15,33

UNE DOULEUR SURMONTÉE, C'EST PRESQUE UNE JOIE DE GAGNÉE.

Pascal Bruckner,
Les Voleurs de beauté (1997)

Vivons donc heureusement, sans haïr ceux qui nous haïssent.

Bouddha

Lorsqu'on sourit à la vie, elle vous rend ses sourires.

Jean-Claude Brialy,
Le Ruisseau des singes (2000)

Je me presse de rire de tout, de peur d'être obligé d'en pleurer.

Pierre Augustin Caron de Beaumarchais,
Le Barbier de Séville (1775)

Le « secret » d'une bonne vie, c'est de se moquer du bonheur.

Pascal Bruckner, L'Euphorie perpétuelle : essai sur le devoir de bonheur *(2000)*

En toute espèce de biens, posséder est peu de chose ; c'est jouir qui rend heureux.

Pierre Augustin Caron de Beaumarchais, *Le Barbier de Séville* (1775)

La vie est extraordinaire quand on sait se contenter de ce qu'elle nous offre.

Gisèle Bujold, *Entre chien et loup* (1975)

NE JUGEZ POINT, ET VOUS NE SEREZ POINT JUGÉS.

Évangile selon saint Luc, 6,37

Il faut créer du bonheur pour protester contre l'univers du malheur.

Albert Camus, Lettres à un ami allemand *(1948)*

N'oubliez pas l'hospitalité, car en l'exerçant quelques-uns ont logé des anges sans le savoir.

Épîtres aux Hébreux, 13,2

IL FAUT RÊVER TRÈS HAUT POUR NE PAS RÉALISER TROP BAS.

Alfred Capus

Le monde est du côté de celui qui est debout.

Janine Casavecchie, *Une idée positive par jour* (2007)

SI TU VEUX VIVRE HEUREUX, MÉPRISE L'OPULENCE.

Distiques de Caton

ON COURT APRÈS LE BONHEUR ET L'ON OUBLIE D'ÊTRE HEUREUX.

François Cavanna

Sourire trois fois tous les jours rend inutile tout médicament.

Janine Casavecchie, *Une idée positive par jour* (2007)

Ce ne sont pas les richesses qui font le bonheur, mais l'usage qu'on en fait.

Cervantès

Ce n'est pas le temps qui donne à vivre. C'est de vivre qui donne vie.

Patrick Chamoiseau

IMPOSE TA CHANCE, SERRE TON BONHEUR ET VA VERS TON RISQUE. À TE REGARDER, ILS S'HABITUERONT.

René Char, *Les Matinaux* (1950)

Un des plus grands secrets du bonheur est de modérer ses désirs et d'aimer les choses que l'on possède.

Émilie du Châtelet, *Discours sur le bonheur* (1776)

MAINTIENS TES RÊVES À LA TEMPÉRATURE DU PLUS VASTE IDÉAL. C'EST LEUR BASE DE SURVIE.

Patrick Chamoiseau

Vous aimez les livres ? Vous voici heureux pour la vie.

Jules Clarétie

L'impossible nous ne l'atteignons pas, mais il nous sert de lanterne.

René Char, *Les Matinaux* (1950)

En fait de bonheur, il ne faut pas rechercher le pourquoi, ni regarder au comment. Le meilleur et le plus fin est de le prendre comme il vient.

Mme de Choiseul à Mme du Deffand, *Correspondance complète de la marquise du Deffand*

IL FAUT, POUR ÊTRE HEUREUX, ÊTRE CONTENT DE SOI.

Louis-Claude Chéron de La Bruyère, *L'Homme à sentimens, ou le Tartuffe de mœurs* (1803)

SEUL CELUI QUI EST HEUREUX PEUT RÉPANDRE LE BONHEUR AUTOUR DE LUI.

Paulo Coelho, *Sur le bord de la rivière Piedra je me suis assise et j'ai pleuré* (1994)

DANS LA VIE HUMAINE, LE BONHEUR, TÔT OU TARD, FAIT OUBLIER LA PEINE.

Jean-François Collin d'Harleville, *L'Optimiste, ou l'Homme toujours content* (1788)

Voici le don : trouver le neuf dans tout savoir ancien, et la plante à-tous-maux sous la vieille herbe qui donne.

Patrick Chamoiseau

Le bonheur pour une abeille ou un dauphin est d'exister, pour l'homme, de le savoir et de s'en émerveiller.

Jacques-Yves Cousteau

Choisissez un travail que vous aimez et vous n'aurez pas à travailler un seul jour de votre vie.

Confucius

Le contentement apporte le bonheur, même dans la pauvreté. Le mécontentement apporte la pauvreté même dans la richesse.

Confucius

Impossible est un mot que je ne dis jamais.

Jean-François Collin d'Harleville, *Malice pour malice* (1794)

Dès qu'il faut obéir, le parti le plus sage
Est de savoir se faire un heureux esclavage.

Prosper Jolyot de Crébillon, dit Crébillon père, *Le Triumvirat, ou la Mort de Cicéron* (1754)

LE BONHEUR ET LA SATISFACTION HUMAINE DOIVENT EN DERNIER RESSORT PROVENIR DE L'INTÉRIEUR DE SOI. C'EST UNE ERREUR QUE D'ATTENDRE UNE SATISFACTION ULTIME À PARTIR DE L'ARGENT OU DE LA TECHNOLOGIE.

Tenzin Gyatso, 14e dalaï-lama, *Essence de la sagesse* (2003)

CONQUÉRIR SON BONHEUR EXIGE DE S'Y DONNER À FOND CHAQUE JOUR.

Daniel Desbiens, *Maximes d'aujourd'hui* (2008)

Le vrai bonheur ne dépend d'aucun être, d'aucun objet extérieur. Il ne dépend que de nous…

Tenzin Gyatso, 14e dalaï-lama

Si on veut plus de sourires dans la vie, on doit créer les conditions pour qu'ils apparaissent.

Tenzin Gyatso, 14e dalaï-lama,
Essence de la sagesse (2003)

Il faut garder quelques sourires pour se moquer des jours sans joie.

Charles Trenet

Le bonheur ne consiste pas dans la possession de troupeaux et de l'or. C'est dans l'âme qui est le siège de la béatitude.

Démocrite

Assume ton destin. Derrière les soucis, le chagrin et la peur, tu découvriras alors l'extraordinaire bonheur qu'est la confiance en soi.

Richard Dehmel

Tenter sa chance est une exigence pour en arriver à bien profiter de l'existence.

Antoinette Des Houlières

**Quand je songe, je suis le plus heureux des hommes ;
Et dès que nous croyons être heureux, nous le sommes.**

Jean-François Collin d'Harleville, *Les Châteaux en Espagne* (1789)

Mieux vaut pleurer de rien que de rire de tout.

Serge Gainsbourg, paroles de la chanson *Ces petits riens*

Si nous souhaitons être heureux, il nous faut maîtriser nos réactions aux pensées et émotions négatives.

Tenzin Gyatso, 14e dalaï-lama, *Essence de la sagesse* (2003)

La clé du bonheur réside dans la recherche d'une solution à chacun de ses problèmes.

Daniel Desbiens, *Maximes d'aujourd'hui* (2008)

VOUS NE POUVEZ PAS EMPÊCHER LES OISEAUX DE LA TRISTESSE DE VOLER AU-DESSUS DE VOS TÊTES, MAIS VOUS POUVEZ LES EMPÊCHER DE FAIRE LEUR NID DANS VOS CHEVEUX.

Proverbe chinois

Un bonheur nous vient-il, cherchons-en un nouveau.

Léon Dierx, *Aspirations* (1858)

Il ne faut pas craindre d'emprunter le chemin d'accès au bonheur ; et même si ce chemin semble parfois trop facile pour être vrai.

Daniel Desbiens, Maximes d'aujourd'hui *(2008)*

Le bonheur consiste à ne désirer que ce qu'on peut obtenir.

Paul Henri Thiry, baron d'Holbach, *Éléments de morale universelle* (1790)

Le bonheur qu'on veut avoir gâte celui qu'on a.

Jacques Deval

Old Town
3

Le travail, c'est la clé de la vie paisible et de la satisfaction de soi.

François Magin, dit Papartchu Dropaôtt

Chez nous, les hommes devraient naître plus heureux et joyeux qu'ailleurs, mais je crois que le bonheur vient aux hommes qui naissent là où l'on trouve de bons vins…

Léonard de Vinci

PATIENCE ! AVEC LE TEMPS, L'HERBE DEVIENT DU LAIT.

Proverbe chinois

POUR CELUI QUI SAIT VOIR, CHAQUE INSTANT DE LA VIE EST UNE ÎLE DU BONHEUR. IL SUFFIT DE S'Y ARRÊTER, DE NE PAS SE LAISSER EMPORTER PAS LE TOURBILLON DES TEMPÊTES, LA RUMEUR DU MONDE.

Dugpa Rimpoché, *Préceptes de vie* (1996)

Le bonheur va et vient et ne s'attarde pas toujours aux plus méritants mais à ceux qui apprennent à le saisir au passage.

Secret du bonheur : honnêteté dans tout et la vérité sans ajouts.

Daniel Desbiens, Maximes d'aujourd'hui *(2008)*

POURQUOI TOUJOURS ATTENDRE UNE OCCASION MEILLEURE ET SE RÉSERVER ? LE MEILLEUR EST TOUJOURS PRÉSENT, ON SE GASPILLE À FORCE DE SE RÉSERVER.

Jacqueline Dupuy, *Dure est ma joie* (1962)

Ne désespère pas du bonheur. Il ne t'attend pas à l'autre bout de la Terre ou dans une vie future. Il est là où tu te trouves. Il guette le moment où tu seras enfin disposé à l'inviter, à le recevoir. Tourne tes pensées vers lui. Il te suffit simplement de dépasser ta peur.

Dugpa Rimpoché, *Préceptes de vie* (1996)

Si nous voulons trouver de la beauté sur notre route, nous devons l'emporter en nous.

Ralph Waldo Emerson

Il n'est jamais trop tard pour devenir ce que nous aurions pu être.

George Eliot

1

PLUS ON PREND DE LA HAUTEUR ET PLUS ON VOIT LOIN.

Proverbe chinois

Pour être heureux, pour être sage, il faut savoir donner un frein à ses désirs.

Daniel Desbiens, *Maximes d'aujourd'hui* (2008)

Est-il indispensable, après tout, de découvrir qui l'on est ? Et n'y a-t-il pas plus de joie à se méconnaître, et à se perdre de vue ?

Jean-Paul Enthoven, *Aurore* (2001)

Si tu veux être heureux, renonce à l'agitation inutile, aux paroles vaines, à la précipitation qui n'est qu'une fuite malheureuse. Arrête-toi, calme ton esprit, écoute-toi vivre.

Dugpa Rimpoché, *Préceptes de vie* (1996)

Il ne dépend pas de toi d'être riche, mais il dépend de toi d'être heureux.

Épictète

Retrouve l'innocence du présent, la clarté simple des choses. Apprends à vivre l'éternité.

Dugpa Rimpoché

Il faut rire tout en philosophant.

Épicure

RIRE DE TOUT CE QUI SE FAIT OU SE DIT EST SOT, NE RIRE DE RIEN EST IMBÉCILE.

Érasme

IL N'Y A QU'UN CHEMIN POUR LE BONHEUR, C'EST DE CESSER DE NOUS TRACASSER POUR DES CHOSES QUI NE DÉPENDENT PAS DE NOTRE VOLONTÉ.

Épictète

La joie est dans le risque, à faire du neuf.

Marilyn Ferguson, *Les Enfants du verseau* (1980)

LE SECRET EST L'ÉCRIN DU BONHEUR.

Alice Ferney, *La Conversation amoureuse* (2000)

Ne demande pas que ce qui arrive arrive comme tu veux. Mais veuille que les choses arrivent comme elles arrivent et tu seras heureux.

Épictète, *Manuel* (IIe siècle)

Si tu veux être heureux, sois-le.

Proverbe chinois

Bienheureux celui qui a appris à rire de lui-même : il n'a pas fini de s'amuser !

Joseph Folliet

Le plus grand secret pour le bonheur, c'est d'être bien avec soi.

Bernard Le Bouyer de Fontenelle, *Du bonheur* (1766)

Pour vivre heureux, vivons cachés.

Jean-Pierre Claris de Florian, *Fables*

Les défaites de la vie conduisent aux grandes victoires.

Max-Pol Fouchet

La vraie sagesse, la vraie supériorité ne se gagne pas en luttant mais en laissant les choses se faire d'elles-mêmes. Les plantes qui résistent au vent se cassent, alors que les plantes souples survivent aux ouragans.

Épicure

Le travail de la pensée ressemble au forage d'un puits ; l'eau est trouble d'abord, puis elle se clarifie.

Proverbe chinois

CHACUN A SON BONHEUR. ON DOIT S'EN CONTENTER. ON LE PERD EN VOULANT L'AUGMENTER.

Proverbe français

Vivre sans illusions, c'est le secret du bonheur.

Anatole France, *Monsieur Bergeret à Paris* (1901)

Il n'est pas possible de vivre heureux sans être sage, honnête et juste, ni sage, honnête et juste sans être heureux.

Épicure

C'est par le bien-faire que se crée le bien-être.

Proverbe chinois

Il faut obéir à la nature, la laisser suivre son cours. On y gagne bien-être et sagesse.

Jean-Paul Fugère, *L'Orientation* (1970)

Le courage et la joie sont deux facteurs vitaux.

Anne Frank, *Journal* (1942-1944)

Fais de ce jour un jour heureux et tu trouveras le bonheur.

Jean Gastaldi

DONNER ET RECEVOIR DU PLAISIR EST UN BESOIN ET UNE EXTASE.

Khalil Gibran,
Le Prophète (1923)

Le monde est un spectacle à regarder et non un problème à résoudre.

Jules de Gaultier

LA GAIETÉ N'EST-ELLE PAS LE MEILLEUR FACTEUR DE L'ENDURANCE ?

Paul Géraldy

Heureux et libre est celui qui ose dire non !

Peter de Genestet

CONQUÉRIR SA JOIE VAUT MIEUX QUE DE S'ABANDONNER À LA TRISTESSE.

André Gide, *Journal 1889-1939*

Vise toujours la Lune, même si tu rates tu atterriras parmi les étoiles.

Proverbe berbère

Avec le temps et la patience, la feuille du mûrier devient de la soie.

Proverbe chinois

LE SEUL BONHEUR QUE J'AI CONNU EN CE MONDE EST L'ATTENTE... C'EST UN BONHEUR POUR VIERGES. C'EST UN BONHEUR SOLITAIRE.

Jean Giraudoux, *Électre* (1937)

Un conseil : arrose chaque jour ton bonheur pour qu'il pousse toute ta vie.

Jean Gastaldi

VIS LE JOUR SANS PENSER AU LENDEMAIN.

Proverbe berbère

Ne distingue pas Dieu du bonheur et place tout ton bonheur dans l'instant.

André Gide, *Les Nourritures terrestres* (1897)

Le repos surtout est l'objet de tous les mortels qui le regardent comme la base du bonheur.

Abbé de Gourcy

AIE CONFIANCE EN TOI-MÊME, ET TU SAURAS VIVRE.

Goethe, *Faust* (1808)

Il faut faire de chaque moment un souvenir impérissable.

Jean Gastaldi

REMETS-TOI À CES TROIS MÉDECINS : LA GAIETÉ, LE REPOS, ET UNE JUSTE DIÈTE

Proverbe médiéval

Fais de chaque jour un jour heureux et tu seras le plus riche des hommes.

Jean Gastaldi

LE PLUS HAUT DEGRÉ DE BONHEUR CONSISTE À NOUS PERFECTIONNER ET À EFFACER NOS DÉFAUTS.

Goethe

NE PEUT RIEN POUR LE BONHEUR D'AUTRUI CELUI QUI NE SAIT ÊTRE HEUREUX LUI-MÊME.

André Gide, *Les Nouvelles Nourritures* (1935)

Vivez content, vous vivrez en roi.

Proverbe oriental

Ris, si tu es sage.

Le malheur, comme la piété, peut devenir une habitude.

Graham Greene

Accepter les dépendances que nous impose la nature, c'est la sagesse ; les aimer, c'est le bonheur.

Bernard Grasset, *Remarques sur le bonheur* (1931)

Celui qui sait profiter du moment, c'est là l'homme avisé.

Goethe, *Faust* (1808)

Le geste juste, au moment juste, conduit au bonheur.

Jean Gastaldi

En pleine angoisse, ne perds jamais l'espoir, car la moelle la plus exquise est dans l'os le plus dur.

Hafez, *Les Ghazels*

PRENEZ LE TEMPS POUR VIVRE !

Nous devons considérer que tous les événements qui nous arrivent sont des événements heureux.

Sacha Guitry, Le Nouveau Testament *(1934)*

Si vous voulez que vos rêves se réalisent, ne dormez pas.

Proverbe juif

LA TERRE PROMISE EST TOUJOURS DE L'AUTRE CÔTÉ DU DÉSERT.

Henry Havelock Elli

QUI A LE SOLEIL NE MEURT JAMAIS.

DÉCIDER DE NE PAS ÊTRE UN SALOPARD PERMET DE SE SENTIR PLUTÔT BIEN… ÇA POURRAIT PRESQUE REMPLACER DIEU.

Ernest Hemingway, *Le soleil se lève aussi* (1926)

Si tu savais comme on a besoin de peu de chose pour être heureux !

Sacha Guitry, *Mon père avait raison* (1936)

Crois-toi, connais-toi, respecte-toi, la pratique habituelle de ces trois maximes fait l'homme sain, éclairé, bon et heureux.

Marie-Jean Hérault de Séchelles, *Théorie de l'ambition*

LA PATIENCE ADOUCIT TOUT MAL SANS REMÈDE.

Horace, *Odes* (vers 20 av. J.-C.)

LE POINT DE DÉPART DE TOUTE RÉALISATION EST LE DÉSIR. GARDEZ CELA TOUJOURS À L'ESPRIT. UN DÉSIR FAIBLE DONNE DE MAIGRES RÉSULTATS, TOUT COMME UN FEU CHANCELANT RÉCHAUFFE PEU.

Napoleon Hill

LE BONHEUR, CE N'EST PAS SI DIFFICILE, IL SUFFIT DE LE VOULOIR VRAIMENT.

Jean Gastaldi

Nous ne voulons pas de richesses, nous voulons la paix et l'amour.

Proverbe indien

Pendant que nous parlons, le temps jaloux a fui. Cueille l'aujourd'hui sans te fier à demain.

Horace, *Odes* (vers 20 av. J.-C.)

Chaque homme dans sa nuit s'en va vers sa lumière.

Victor Hugo, *Les Contemplations* (1856)

Si nous sommes dans la joie, gardons-nous de porter nos pensées au-delà du présent.

Horace

Car la bonté d'un seul homme est plus puissante que la méchanceté de mille ; le mal meurt en même temps que celui qui l'a exercé ; le bien continue à rayonner après la disparition du juste.

Panaït Istrati

Le rire est une rampe de lancement vers le bonheur.

Jean Gastaldi

Désormais, je sais faire durer une seconde de bonheur. Il faut la vivre comme si c'était la dernière : le bonheur n'attend pas.

Nicolas Hulot, *Les Chemins de traverse* (1989)

LA PAIX DE LA CONSCIENCE EST UN DÉLICIEUX OREILLER.

Henrik Ibsen, *Peer Gynt* (1866)

Nul n'est plus chanceux que celui qui croit à sa chance.

Proverbe allemand

Il est temps de vivre la vie que tu t'es imaginée.

Henry James

Manifester son bonheur est un devoir ; être ouvertement heureux donne aux autres la preuve que le bonheur est possible.

Albert Jacquard, *Petite Philosophie à l'usage des non-philosophes* (1997)

Le plus grand secret du bonheur est d'être bien avec soi-même.

Jules Janin

Soyez content de votre sort, ami, c'est là la sagesse.

Horace

Soyez autodidactes, n'attendez pas que la vie vous donne des leçons.

Stanislaw Jerzy Lec, *Nouvelles Pensées échevelées* (1966)

Le bonheur appartient à ceux qui se racontent de succulentes histoires et qui ont la ressource – ou le courage – d'y croire !

Alexandre Jardin, Le Roman des Jardin *(2005)*

ON NE CUEILLE PAS LE FRUIT DU BONHEUR SUR UN ARBRE D'INJUSTICE.

Proverbe iranien

Le vrai bonheur est sans doute dans la simplicité des cœurs.

Paul Javor, *Sa raison de vivre* (1978)

TIENS POUR TON DERNIER JOUR CHAQUE JOUR QUI TE LUIT. BÉNIS-EN LA FAVEUR ET L'HEURE INESPÉRÉE.

Horace, *Épîtres* (19 ou 18 av. J.-C.)

Une vie vécue dans le bonheur est une vie vécue dans le silence.

Imre Kertész, *Kaddish pour l'enfant qui ne naîtra pas* (1990)

C'est un grand bonheur, une grande fortune d'être né bon.

Joseph Joubert

Théoriquement, il n'est qu'une possibilité parfaite de bonheur : croire à l'indestructible en soi sans y aspirer.

Franz Kafka

Du moment que le bonheur, c'est de vivre, on doit le trouver aussi bien dans la douleur que dans le plaisir et parfois jusque dans l'ennui.

Marcel Jouhandeau, *Réflexions sur la vie et le bonheur* (1958)

Pour chaque désir, il y a de la patience.

Proverbe russe

Prenez tout très au sérieux, à l'exception de vous-même.

Rudyard Kipling

L'arbre de la tristesse, ne le plante pas dans ton cœur. Relis chaque matin le livre de la joie.

Omar Khayyam

Notre bonheur ne dépend que de nous-mêmes: si nous ne cherchons pas le mal, nous serons heureux.

Proverbe persan

Quand une porte vers le bonheur se ferme, une autre s'ouvre, mais souvent nous regardons si longtemps la porte fermée que nous ne voyons pas celle qui s'est ouverte tout exprès pour nous.

Helen Keller

La clarté seule devrait suffire pour rendre heureux.

Joseph Joubert, *Carnets*

NON ANXIEUX ICI, NON ANXIEUX TOUTE LA VIE.

Koan zen

La vie passe, rapide caravane ! Arrête ta monture et cherche à être heureux.

Omar Khayyam

Ne vous exagérez pas les maux de la vie et n'en méconnaissez pas les biens, si vous cherchez à vivre heureux.

Joseph Joubert, *Carnets*

N'ATTENDEZ PAS D'ÊTRE HEUREUX POUR SOURIRE, SOURIEZ PLUTÔT AFIN D'ÊTRE HEUREUX.

Edward E. Kramer

NOUS AGISSONS TOUJOURS COMME SI LE CONFORT ET LE LUXE ÉTAIENT ESSENTIELS À NOTRE EXISTENCE, ALORS QU'IL SUFFIT POUR ÊTRE RÉELLEMENT HEUREUX DE TROUVER QUELQUE CHOSE QUI NOUS INTÉRESSE PASSIONNÉMENT.

Charles Kingsley

NE TE LASSE PAS DE CRIER TA JOIE D'ÊTRE EN VIE ET TU N'ENTENDRAS PLUS D'AUTRES CRIS.

Proverbe touareg

Savoir se contenter de ce que l'on a, c'est être riche.

Lao-tseu

Il est souvent très bon de rire avec sa pensée et très souvent utile de ne pas rire avec celle des autres.

Jean-Benjamin de Laborde, *Pensées et maximes* (1791)

LIMITE TES DÉSIRS DES CHOSES DE CE MONDE ET VIS CONTENT.

Omar Khayyam

Il faut rire avant d'être heureux de peur de mourir sans avoir ri.

Jean de La Bruyère,
Les Caractères (1688)

IL FAUT DU REPOS POUR LE BONHEUR.

Marquise de Lambert

Il faut avoir dans le bonheur la modestie d'un homme malheureux, et dans le malheur l'assurance d'un homme heureux.

Jean-Benjamin de Laborde,
Pensées et maximes (1791)

NE FAIS JAMAIS RIEN DANS LA COLÈRE : HISSERAIS-TU LES VOILES DANS LA TEMPÊTE ?

Proverbe arabe

Nous plaisons plus souvent dans le commerce de la vie par nos défauts que par nos qualités.

François de La Rochefoucauld

On n'est jamais plus heureux que quand on croit l'être.

Pierre Legrand,
Le Roi de Cocagne
(1786)

LES SOUCIS ENLAIDISSENT, C'EST LA JOIE QUI FAIT FLEURIR.

Proverbe berbère

On n'est jamais si heureux ni si malheureux qu'on s'imagine.

François de La Rochefoucauld

LE SOUVERAIN BONHEUR CONSISTE À POSSÉDER CE QUE L'ON AIME, ET À AIMER CE QU'ON POSSÈDE.

Jean-Benjamin de Laborde, *Pensées et maximes* (1791)

IL NE FAUT PAS PIÉTINER SUR LE BONHEUR DES AUTRES POUR ARRIVER À SON PROPRE BONHEUR.

Michelle Le Normand, *La Plus Belle Chose du monde*

Le contentement de ce qu'on a fait partie du bonheur.

Le soleil ne se lève que pour celui qui va à sa rencontre.

Henri Le Saux

Il y aurait de quoi faire bien des heureux avec tout le bonheur qui se perd en ce monde.

Duc de Lévis-Mirepoix

Je veux vivre avec moi, je veux jouir du bonheur que m'a donné le ciel, en solitude, sans témoin, libre d'amour, de jalousie, de haine et d'espérance et d'inquiétude.

Luis de Léon

Le bonheur n'existe pas. Par conséquent, il ne nous reste qu'à essayer d'être heureux sans.

Joe Lewis

Grande et terrible est la puissance du rire : contre elle nul ne saurait se prémunir ; et l'homme qui a le courage de rire est le maître du monde, comme celui qui est toujours prêt à mourir.

Giacomo Leopardi, Pensées (1845)

Un bonheur perdurable n'est jamais possible que dans la sincérité.

Georg Christoph Lichtenberg, *Le Miroir de l'âme*

Soyez meilleurs, vous serez plus heureux. Voilà la plus puissante leçon de morale car elle est fondée sur l'intérêt.

Duc de Lévis-Mirepoix

LE MALHEUR DES UNS FAIT LE BONHEUR DES AUTRES.

ILS SONT TROP HEUREUX, ILS NE PEUVENT ÊTRE COUPABLES !

Joseph Marie Loaisel de Tréogate, *La Comtesse d'Alibre* (1779)

Chacun prend son plaisir où il le trouve.

Émile Littré

ET SI NOUS VALIONS MIEUX QUE LE BONHEUR ?
Franz Liszt

La patience est la clé de la joie.
Proverbe turc

On n'a que le bonheur qu'on peut comprendre.
Maurice Maeterlinck, *La Sagesse et la Destinée* (1898)

ON NE SAURAIT IMAGINER COMBIEN L'ÉTUDE DE NOUS-MÊME, SI RARE, SI PEU CONNUE, NOUS SERAIT UTILE, DE COMBIEN D'ILLUSIONS ELLE SERVIRAIT À NOUS GUÉRIR, COMBIEN ELLE NOUS METTRAIT SUR LA VOIE DU BONHEUR.
Maine de Biran, *Journal intime (1792-1824)*

La patience est la clé du bien-être.
Mahomet

Avant toute chose, conserve précieusement le bonheur que tu reçois ; il survivra longtemps à ton or et à ta bonne santé.

Og Mandino

La persévérance est un talisman pour la vie.

Proverbe africain

CREUSE AU-DEDANS DE TOI. AU-DEDANS DE TOI EST LA SOURCE DU BIEN, ET UNE SOURCE QUI PEUT TOUJOURS JAILLIR SI TU CREUSES TOUJOURS.

Marc-Aurèle, *Pensées pour moi-même* (170-180)

Conserver son sang-froid et sa gaieté dans les plus grands périls est le meilleur moyen de les surmonter tous.

Joseph Marmette

Une mauvaise paix vaut mieux qu'une bonne guerre.

Alexandra Marinina, *Le Cauchemar* (1998)

D'être content sans vouloir davantage, c'est un trésor qu'on ne peut estimer.

Clément Marot

Voici la morale parfaite : vivre chaque jour comme si c'était le dernier ; ne pas s'agiter, ne pas sommeiller, ne pas faire semblant.

Marc-Aurèle, *Pensées pour moi-même* (170-180)

Ne sortez pas de vous-même, et vous serez heureux.

Jean-Baptiste Massillon

HEUREUX CELUI QUI OUBLIE CE QU'ON NE PEUT PLUS CHANGER.

Proverbe allemand

SI L'ON ÉTAIT TOUJOURS HEUREUX, OÙ SERAIT LE PLAISIR ?

Georges-Armand Masson

Il faut être hardi pour devenir heureux.

Antoine Gombaud, chevalier de Méré

Aimer les braves gens qui m'entourent, fuir les méchants, jouir du bien, supporter le mal, et me souvenir d'oublier, voilà mon optimisme. Il m'a aidé à vivre. Puisse-t-il vous aider aussi.

André Maurois

Emploie bien le temps de ta sagesse, c'est sur quoi repose ton bonheur futur.

Proverbe suédois

Le véritable moyen de bien jouir d'un bonheur, c'est de l'associer à un autre bonheur.

Prosper Mérimée, *La Double Méprise* (1833)

On blâme beaucoup ceux qui n'ont ni queue ni tête. Et pourtant ne serait-ce pas tout le secret du bonheur !

Paul Masson, *Les Pensées d'un yoghi* (1896)

Ovide a tort. C'est dans le malheur que tu compteras de nombreux amis. Être le confident du bonheur exige des vertus plus rares.

André Maurois

CELUI QUI PRÉFÈRE LA PAUVRETÉ AUX RICHESSES DE CE MONDE SE PEUT DIRE PLUS HEUREUX QUE LE PLUS RICHE DE TOUS LES HOMMES.

Antoine Gombaud, chevalier de Méré

C'EST S'ENRICHIR QUE S'ÔTER DES BESOINS.

Le secret du bonheur ne consiste pas à rechercher toujours plus, mais à développer la capacité d'apprécier avec moins.

Dan Millman, *Le Guerrier pacifique* (1980)

Ne désespérez jamais. Faites infuser davantage.

Henri Michaux, *Tranches de savoir* (1950)

LE MONDE PROGRESSE GRÂCE AUX CHOSES IMPOSSIBLES QUI ONT ÉTÉ RÉALISÉES.

André Maurois

Il n'est pas bon d'être malheureux, mais il est bon de l'avoir été.

Antoine Gombaud, chevalier de Méré

Il faudrait convaincre les hommes du bonheur qu'ils ignorent, lors même qu'ils en jouissent.

Montesquieu, *Mes pensées*

Ce sont les plaisirs simples et non les vaines possessions qui mènent au bonheur.

Montaigne, *Essais* (1580)

À MOUTON TONDU DIEU MESURE LE VENT.

À L'IMPOSSIBLE, NUL N'EST TENU.

Pour être heureux, il faut avoir un objet. Notre âme est une suite d'idées ; elle souffre quand elle n'est pas occupée, comme si cette suite était interrompue et qu'on menaçait son existence.

Montesquieu, *Mes pensées*

La volupté même et le bonheur ne se perçoivent pas sans vigueur et sans esprit.

Montaigne, Essais *(1580)*

Les deux grands secrets du bonheur : le plaisir et l'oubli.

Alfred de Musset, *Une nuit vénitienne* (1830)

Plus on est heureux et moins on prête attention à son bonheur.

Alberto Moravia, *Le Mépris* (1954)

Le vrai bonheur est dans le calme de l'esprit et du cœur.

Charles Nodier

Aimez davantage la vie, le bonheur sera votre récompense.

Être heureux c'est le plus sûr moyen que nous ayons d'approcher du bien.

Eugene O'Neill, *L'Étrange Intermède* (1928)

Si on ne voulait qu'être heureux, cela serait bientôt fait. Mais on veut être plus heureux que les autres, et cela est presque toujours difficile parce que nous croyons les autres plus heureux qu'ils ne sont.

Montesquieu, *Mes pensées*

LA MODESTIE EST PROMESSE DE BONHEUR.

Christine Orban, *Petites Phrases pour traverser la vie en cas de tempête... et par beau temps aussi* (2007)

NOTRE BONHEUR DOIT ÊTRE NOTRE SECRET LE PLUS DÉFENDU.

Erik Orsenna, *Madame Bâ* (2003)

Le mal de vivre part comme il vient : pour rien.

Christine Orban, Petites Phrases pour traverser la vie en cas de tempête... et par beau temps aussi *(2007)*

CHAQUE MINUTE DE CAFARD VOUS PRIVE DE SOIXANTE SECONDES DE BONHEUR.

Blas de Otero Muñoz

La vie en elle-même est une toile vide, elle devient ce que vous peignez dessus. Vous pouvez peindre la misère, vous pouvez peindre la joie. Cette liberté est votre splendeur.

Genjo Osho

Le moment présent est la piste désignée à tout nouveau départ.

Louis-Marie Parent

UNE CHOSE EST CERTAINE : SI TU VEUX L'ARC-EN-CIEL, TU DOIS ACCEPTER LA PLUIE.

Dolly Parton

La chance ne sourit qu'aux esprits bien préparés.

Louis Pasteur

L'homme est né pour le plaisir : il le sent, il n'en faut point d'autre preuve. Il suit donc sa raison en se donnant au plaisir.

Blaise Pascal, *Pensées* (1670)

S'éloigner de tout rapproche un peu de l'essentiel.

Loïck Peyron

Quand tout est fichu, il y a encore le courage.

Daniel Pennac, *Cabot-Caboche* (1982)

NOTRE INSTINCT NOUS FAIT SENTIR QU'IL FAUT CHERCHER NOTRE BONHEUR HORS DE NOUS.

Blaise Pascal, *Pensées* (1670)

SUIS TON CŒUR, POUR QUE TON VISAGE BRILLE DURANT LE TEMPS DE TA VIE.

Ce n'est pas de vivre selon la science qui procure le bonheur ; ni même de réunir toutes les sciences à la fois, mais de posséder la seule science du bien et du mal.

Platon

C'EST DANS LE MÉPRIS DE L'AMBITION QUE DOIT SE TROUVER L'UN DES PRINCIPES ESSENTIELS DU BONHEUR SUR LA TERRE.

Edgar Allan Poe, *Le Domaine d'Arnheim* (1847)

Je fuis le bonheur pour qu'il ne se sauve pas.

Francis Picabia

ÊTRE OPTIMISTE EST UN DEVOIR MORAL.

Karl Popper

Il faudrait essayer d'être heureux, ne serait-ce que pour donner l'exemple.

Jacques Prévert, *Spectacle* (1951)

Le secret du bonheur, c'est de vivre juste au-dessous de ses moyens. Le secret de la réussite sociale, c'est de vivre juste au-dessus de ses moyens.

Michel Polac, *Journal* (2000)

Qui connaît sa douleur la décime. Mais qui connaît sa joie la décuple.

Jean Prieur, *Les Maîtres de la pensée positive* (1982)

Le bonheur est salutaire pour le corps, mais c'est le chagrin qui développe les forces de l'esprit.

Marcel Proust

Même si le bonheur t'oublie un peu, ne l'oublie jamais tout à fait.

Jacques Prévert, *Spectacle* (1951)

L'argent donne tout ce qui semble aux autres le bonheur.

Henri de Régnier

L'homme patient et courageux fait lui-même son bonheur.

Publilius Syrus (Ier siècle av. J.-C.)

SOYEZ VOUS-MÊME, C'EST VOTRE SEULE CHANCE D'ÊTRE ORIGINAL.

Marcel Proust

NOUS SOMMES DU BONHEUR DE NOUS-MÊMES ARTISANS, ET FABRIQUONS NOS JOURS OU FÂCHEUX OU PLAISANTS.

Mathurin Régnier

La vertu fait le bonheur.

Racine, *Athalie* (1691)

On ne va jamais si loin que lorsque l'on ne sait pas où l'on va.

Antoine Rivarol

Il faut être discret quand on parle de son bonheur, et l'avouer comme si l'on se confessait d'un vol.

Jules Renard, *Journal 1887-1910* (1925)

CUEILLEZ, CUEILLEZ VOTRE JEUNESSE.

Pierre de Ronsard

Le futur appartient à ceux qui croient à la beauté de leurs rêves.

Anna Eleanor Roosevelt

IL FAUT DOMPTER LA VIE PAR LA DOUCEUR.

Jules Renard, *Journal 1887-1910* (1925)

Ce que la vie a de mieux à offrir, et de loin, c'est la chance d'accomplir un travail qui en vaut la peine.

Theodore Roosevelt

On jouit moins de tout ce qu'on obtient que de ce qu'on espère.

Jean-Jacques Rousseau

CEUX QUI SÈMENT DANS LES LARMES, RECUEILLERONT DANS LA JOIE.

Abbé Roubaud, *Nouveaux synonymes français* (1786)

Aide-toi : ça pourra aider le Ciel.

Claude Roy, *La Fleur du temps, journal 1983-1987* (1988)

Aime-toi, le ciel t'aimera.

Claude Roy, *Les Rencontres des jours* (1995)

Il y a dans la vie tellement de choses susceptibles de nous rendre heureux.

Arthur Rubinstein

La joie de l'homme doit être inépuisable, aucune vie ne serait jamais assez longue pour dire ce qu'à elle seule elle en peut contenir.

Gabrielle Roy, *La Montagne secrète* (1961)

Il est très important, quand on veut être heureux, de s'intéresser à autre chose que soi-même.

Bertrand Russell, Ma conception du monde (1962)

L'ironie est un élément du bonheur.

Jules Renard, *Journal 1887-1910* (1925)

Manquer de certaines choses que l'on désire est une des conditions indispensables au bonheur.

Bertrand Russell

L'herbe est toujours plus verte chez les autres… jusqu'à ce qu'on découvre que c'est du gazon artificiel.

Jacques Salomé, *Si je m'écoutais, je m'entendrais* (2003)

Le rire sucre les larmes.

Robert Sabatier

SI L'ARGENT NE FAIT PAS LE BONHEUR, RENDEZ-LE !

Jules Renard, *Journal 1887-1910* (1925)

Le secret du bonheur, c'est de trouver une monotonie sympathique.

Victor Sawdon Pritchett

Le bonheur se fortifie du malheur des autres.

Éric-Emmanuel Schmitt, *La Part de l'autre* (2001)

CHACUN DOIT TROUVER SEUL LE CHEMIN DU BONHEUR.

Sénèque, *Sur la vie heureuse* (Ier siècle)

QUAND VOUS AUREZ CESSÉ DE SONGER AU BONHEUR, VOUS L'AUREZ TROUVÉ.

Charles Secrétan

L'activité est indispensable au bonheur ; il faut que l'homme agisse, fasse quelque chose si cela lui est possible ou apprenne au moins quelque chose.

Arthur Schopenhauer, *Aphorismes sur la sagesse dans la vie* (1886)

LE BUT DE TOUTE SAGESSE EST LE BONHEUR DE L'ÂME.

Louis-Philippe de Ségur

La vie ressemble à un conte ; ce qui importe, ce n'est pas sa longueur, mais sa valeur.

Sénèque

JE SAURAI MAÎTRISER MON DESTIN ET ME RENDRE HEUREUSE. LE BONHEUR EST UN COMBAT D'ENCERCLEMENT, UN JEU DE GO. JE TUERAI LA DOULEUR EN L'ÉTREIGNANT.

Shan Sa, *La Joueuse de go* (2001)

Une juste appréciation de la valeur de ce que l'on est en soi-même et par soi-même, comparée à ce qu'on est seulement aux yeux d'autrui, contribuera beaucoup à notre bonheur.

Arthur Schopenhauer

CŒUR INSOUCIANT VIT LONGTEMPS.

William Shakespeare

LA GAIETÉ CHASSE LA FATIGUE, OR DE LA FATIGUE PROVIENT LE DÉCOURAGEMENT.

Saint Séraphin de Sarov

UN MENDIANT BIEN PORTANT EST PLUS HEUREUX QU'UN ROI MALADE.

Arthur Schopenhauer, *Parerga et Paralipomena* (1851)

Si l'on passait l'année entière en vacances, s'amuser serait aussi épuisant que travailler.

William Shakespeare

Ce qui compte avant tout, pour être heureux, c'est d'être sage.

Sophocle, *Antigone* (vers 440 av. J.-C.)

N'oublie jamais que tout est éphémère, alors tu ne seras jamais trop joyeux dans le bonheur, ni trop triste dans le chagrin.

Socrate

POUR SURMONTER LES OBSTACLES, FAIS APPEL À LA RAISON.

Sénèque, *Sur la vie heureuse* (Ier siècle)

CE N'EST PAS TANT D'ÊTRE RICHE QUI FAIT LE BONHEUR, C'EST DE LE DEVENIR.

Stendhal, *La Vie de Rossini* (1823)

On ne possède pas le bonheur comme une acquisition définitive. Il s'agit à chaque instant de faire jaillir une étincelle de joie. Ne l'oublions pas : souris au monde et le monde te sourira.

Madeleine Cinquin, dite sœur Emmanuelle

Est heureux qui sait qu'il est heureux.

Sophocle

Il est difficile de ne pas s'exagérer le bonheur dont on ne jouit pas.

Stendhal, *Journal*

La satisfaction intérieure est en vérité ce que nous pouvons espérer de plus grand.

Baruch Spinoza

Quoiqu'un homme soit frêle, la joie le rend fort.

Mary Ann Sullivan

Le savoir est de beaucoup la portion la plus considérable du bonheur.

Sophocle

La leçon la plus importante que l'homme puisse apprendre dans sa vie n'est pas que la douleur existe dans le monde, mais qu'il dépend de nous d'en tirer profit, qu'il nous est loisible de la transmuer en joie.

Tagore, *Sadhana*

POUR ACCÉDER À LA SAGESSE, IL FAUT LE VOULOIR.

Talmud

Qui est heureux ? L'homme bien portant, riche et instruit.

Thalès de Milet

Lutte ! Rallume cette lumière qui s'est éteinte.

Dylan Thomas

NI LA CONTRAINTE, NI LA SÉVÉRITÉ, NE VOUS OUVRIRONT L'ACCÈS DE LA VRAIE SAGESSE, MAIS BIEN L'ABANDON ET UNE JOIE ENFANTINE. QUOI QUE CE SOIT QUE VOUS VOULIEZ APPRENDRE, ABORDEZ-LE AVEC GAIETÉ.

Henry David Thoreau, *Journal* (1837-1861)

Un bonheur ne peut pas être complet tant que la peine n'y entre pas pour quelque chose.

Adrien Thério

IL Y A UN SILENCE DU CORPS ET DE L'ÂME : C'EST LA CONDITION DU BIEN-ÊTRE.

Maurice Toesca

Mettez le bonheur dans la liberté, la liberté dans la vaillance.

Thucydide, *Histoire de la guerre du Péloponnèse* (Ve siècle av. J.-C.)

À QUOI BON SOULEVER DES MONTAGNES QUAND IL EST SI SIMPLE DE PASSER PAR-DESSUS ?

Boris Vian

Il est des moments où les rêves les plus fous semblent réalisables à condition d'oser les tenter.

Bernard Werber,
La Révolution des fourmis
(1996)

Soyons tous libres, tous riches, tous heureux, multiplions nos biens et nos jouissances.

Guillaume François Le Trosne,
De l'ordre social (1777)

Au lieu donc de nous étonner et de nous plaindre du malheur et de la brièveté de la vie, nous devons nous étonner et nous féliciter de notre bonheur et de sa durée.

Voltaire, *Lettres philosophiques* (1734)

L'HOMME QUI VIT SAINTEMENT CONNAÎT, SEUL, LA JOIE ET SAIT LA COMMUNIQUER.

Auguste de Villiers de l'Isle-Adam, *L'Intersigne*

LE SEUL MOYEN DE SE DÉBARRASSER D'UNE TENTATION, C'EST D'Y CÉDER.

Oscar Wilde

Dans la vie, il y a trois facteurs : le talent, la chance, le travail. Avec deux de ses facteurs, on peut réussir. Mais l'idéal est de disposer des trois.

Bernard Werber

Ce n'est pas notre condition, c'est la trempe de notre âme qui nous rend heureux.

Voltaire, *Dictionnaire philosophique* (1764)

Le véritable secret de la vie est de s'intéresser à une chose profondément et à mille autres suffisamment.

Hugh Walpole

La santé d'un individu est proportionnelle à la quantité de son rire.

James Walsh

La grande affaire et la seule qu'on doit avoir, c'est de vivre heureux.

Voltaire

L'humanité se prend trop au sérieux. C'est le péché originel de notre monde. Si l'homme des cavernes avait su rire, le cours de l'histoire eût été changé.

Oscar Wilde, *Le Portrait de Dorian Gray* (1890)

Savoir se contenter de ce que l'on a constitue le plus haut degré de bonheur.

Yoga-Sûtra

Soyons tous heureux et vivons selon nos moyens, même s'il nous faut emprunter pour le faire !

Artemus Ward

LA VIE EST UNE CHOSE BIEN TROP IMPORTANTE POUR QU'ON EN PARLE SÉRIEUSEMENT.

Oscar Wilde

Le bonheur, c'est les autres

L'amour, l'amitié, c'est surtout rire avec l'autre, c'est partager le rire que de s'aimer.

Arletty

Que ce soit un baiser, un sourire ou un simple regard, l'amour nous lave de toute désespérance.

Ariane Angeloglou, *Petit Dictionnaire de l'amour, le pouvoir d'aimer* (2007)

Il est bien vrai que nous devons penser au bonheur d'autrui ; mais on ne dit pas assez que ce que nous pouvons faire de mieux pour ceux qui nous aiment, c'est encore d'être heureux.

Alain, *Propos sur le bonheur* (1925)

POURQUOI SOMMES-NOUS AU MONDE, SINON POUR AMUSER NOS VOISINS ET RIRE D'EUX À NOTRE TOUR ?

Jane Austen, *Orgueil et préjugés* (1813)

L'amitié double les joies et réduit de moitié les peines.

Francis Bacon

Les plaisirs de l'amour font oublier l'amour du plaisir.

Alain, Propos sur le bonheur *(1925)*

La première condition pour être heureux est de se croire indispensable au bonheur d'un autre ; cela fait accepter la vie.

Diane de Beausacq

AH ! LE BONHEUR DES AMIS, QUELLE JOLIE VAGUE BLEUE, SUR LE CŒUR !

Anne Barratin, *Pensées* in *Œuvres posthumes* (1920)

Souvenons-nous tous de traiter avec douceur ceux qui sont dans le malheur, et surtout le bref instant où ils sont heureux.

Hjalmar Bergman

Être capable de trouver sa joie dans la joie de l'autre : voilà le secret du bonheur.

Georges Bernanos

QUI FAIT RIRE L'ESPRIT SE REND MAÎTRE DU CŒUR.

Cardinal de Bernis

Pour être heureux avec les êtres, il ne faut leur demander que ce qu'ils peuvent donner.

Tristan Bernard, *L'Enfant prodigue du Vésinet* (1921)

IL N'Y A PAS DE PLUS GRANDE JOIE QUE DE CONNAÎTRE QUELQU'UN QUI VOIT LE MÊME MONDE QUE NOUS. C'EST APPRENDRE QUE L'ON N'ÉTAIT PAS FOU.

Christian Bobin, *La Dame blanche* (2007)

[...] l'amour est fort comme la mort [...].

Cantique des cantiques, 8,6

Celui qui oublie son propre bonheur pour chercher celui des autres, trouve le sien par surcroît.

Henry Bordeaux

Un téméraire est heureux en amour.

Antoine Bret, *La Double Extravagance* (1750)

Le bonheur, ce n'est
pas une note séparée,
c'est la joie que
deux notes ont
à rebondir l'une
contre l'autre.

Christian Bobin, *La Folle Allure* (1995)

*Un ami fidèle est
un puissant soutien,
qui l'a trouvé a trouvé
un trésor.*

L'Ecclésiastique, 6,14

Il ne suffit pas de dire aux gens : bonne chance ! Il faut la leur offrir.

Daniel Boulanger, *La Dame de cœur* (1980)

Qu'un ami véritable est une douce chose.
Il cherche vos besoins au fond de votre cœur.

Jean de La Fontaine, « Les Deux Amis », *Fables* (1678)

QUE TOUS CEUX QUI VEULENT LA PAIX LA PARTAGENT CAR LE BONHEUR EST NÉ JUMEAU.

Lord Byron, *Don Juan* (1824)

Assurer son bonheur est un devoir, écrit Kant. La passion fait le bonheur et la femme est sa complice. La femme est la chance du bonheur.

Jacques de Bourbon Busset,
Tu ne mourras pas (1978)

L'amour, pour être parfait, quatre S doit porter : sage, seul, serviable et secret.

Pedro Calderón de la Barca

Le vrai bonheur, c'est ça : un visage inconnu, et comment la parole peu à peu l'éclaire, le fait devenir familier, proche, magnifique, pur.

Christian Bobin, Geai *(1998)*

On est heureux que dans la proportion de ce qu'on donne.

Louis Bromfield,
Mrs Parkington (1943)

Quand on aime quelqu'un, on a toujours quelque chose à lui dire ou à lui écrire, jusqu'à la fin des temps.

Christian Bobin, *Geai* (1998)

Qu'y a-t-il de meilleur, ou qu'y a-t-il de plus beau, que d'être bon et de faire le bien ?

Cicéron

Aimer, c'est s'augmenter en s'oubliant.
C'est échapper par un seul être à la médiocrité de tous les autres.
C'est être plus seul pour avoir tenté de l'être moins.
C'est redevenir comme tout le monde en s'imaginant qu'on devient comme personne.
C'est donner rendez-vous au bonheur dans le palais du hasard.
Abel Bonnard, *Savoir aimer* (1937)

LE BONHEUR SE VIT À DEUX. C'EST POURQUOI ON LE DÉCLARE IMMORAL.

Jacques de Bourbon Busset, *Les Choses simples* (1980)

Le bonheur est un piège que la femme tend à l'homme.

Jean Cazeneuve, *Aimer la vie* (1977)

CELUI QUI EST SÉVÈRE ENVERS LUI-MÊME ET INDULGENT ENVERS LES AUTRES ÉVITE LES MÉCONTENTEMENTS.

Confucius

Le bonheur d'un ami nous enchante. Il nous ajoute. Il n'ôte rien. Si l'amitié s'en offense, elle n'est pas.

Jean Cocteau

Le secret du bonheur crève les yeux. C'est pourquoi nul n'ose le regarder en face : il faut aimer quelqu'un.

Jacques de Bourbon Busset, *Tu ne mourras pas* (1978)

Recevoir un ami qui vient de loin, n'est-ce pas la plus grande joie ?

Confucius

Il y a plus de noblesse d'âme à se réjouir de la gaieté d'autrui qu'à s'affliger de son malheur.

Pascal Bruckner, L'Euphorie perpétuelle : essai sur le devoir de bonheur *(2000)*

DANS LE BONHEUR D'AUTRUI, JE CHERCHE MON BONHEUR.

Corneille

Le bonheur véritable se caractérise par une paix intérieure et naît dans le cadre de nos relations avec autrui.

Tenzin Gyatso, 14e dalaï-lama, *Essence de la sagesse* (2003)

Ce sont mes amis qui m'ont fait aimer la vie. Ils me rendent meilleur à mesure que je les trouve meilleurs eux-mêmes.

Jacques Chardonne

Le bonheur appartient à qui fait des heureux.

Abbé Delille

La noblesse du désir d'être bénéfique à autrui est extrêmement fructueuse. C'est la source principale du bonheur, du courage et du succès.

Tenzin Gyatso, 14e dalaï-lama, *Essence de la sagesse* (2003)

Le bonheur est étroitement lié à la franchise et à l'honnêteté envers soi-même et les autres.

Daniel Desbiens, *Maximes d'aujourd'hui* (2008)

Le bonheur véritable réside dans les qualités spirituelles que sont l'amour et la compassion, la tolérance, le pardon et l'humilité. Ce sont celles qui procurent le bonheur pour soi et les autres.

Tenzin Gyatso, 14e dalaï-lama, *Essence de la sagesse* (2003)

Exige beaucoup de toi-même et attends peu des autres. Ainsi beaucoup d'ennuis te seront épargnés.

Confucius

Lorsqu'on agit pour satisfaire ses désirs immédiats, sans se soucier de l'intérêt d'autrui, on réduit à néant ses chances d'atteindre un bonheur durable.

Tenzin Gyatso, 14e dalaï-lama, *Essence de la sagesse* (2003)

Le bonheur le plus doux est celui qu'on partage.

Abbé Delille

Une joie partagée est une double joie, un chagrin partagé est un demi-chagrin.

Jacques Deval, Afin de vivre bel et bien *(1970)*

L'homme le plus heureux est celui qui fait le bonheur d'un plus grand nombre d'autres.

Denis Diderot,
Entretien
sur Le Fils naturel
(1757)

Un bon esprit, un bon cœur, des sentiments chaleureux, telles sont les choses les plus importantes. Si vous n'avez pas un tel esprit, vous ne pouvez pas être heureux, et de la même manière vos parents, votre compagnon, vos enfants et vos voisins.

Tenzin Gyatso, 14e dalaï-lama,
Essence de la sagesse (2003)

Nous sommes tous nés pour aimer. C'est le principe de l'existence et sa seule fin.

Benjamin Disraeli

Le bonheur, c'est d'être auprès de quelqu'un à qui l'on tient, dans un endroit où l'on est bien, dont on n'a pas envie de partir.

Jean-Paul Dubois, Si ce livre pouvait me rapprocher de toi *(1999)*

Un amour malheureux est encore un bonheur.

Adélaïde-Gillette Dufrénoy, *Élégies* (1813)

Dans les situations désespérées, la seule sagesse est l'optimisme aveugle.

Jean Dutourd, *Dutouriana* (2002)

Une famille, c'est cela : quelques personnes qui s'aiment bien et se le répètent, à chaque instant, par de petites attentions, des taquineries, une voix tendre…

Jacqueline Dupuy,
Dure est ma joie (1962)

Donne du bonheur mais ne demande pas aux autres de te répondre.

Dugpa Rimpoché,
Préceptes de vie *(1996)*

Pour vivre ensemble, il faut une brassée d'amour et une pincée d'humour.

Roger Etchegaray

De tous les biens que la sagesse nous procure pour le bonheur de toute notre vie, celui de l'amitié est de beaucoup le plus grand.

Épicure

LE BONHEUR ET L'AMOUR SONT INSÉPARABLES. L'UN NE BRILLE PAS SANS L'AUTRE. POUR ÊTRE HEUREUX, APPRENDS D'ABORD À AIMER.

Dugpa Rimpoché,
Préceptes de vie
(1996)

Du temps qui fuit sachons
jouir, bonheur d'aimer
passe richesse ;
Jusqu'à notre dernier
soupir, rendons caresse
pour caresse.

Charles-Simon Favart

Être heureux, c'est faire des heureux.

Raoul Follereau

La route est aisée pour celui qui a l'amour pour guide.

Fénelon

Le bonheur réclame l'acceptation des autres, la simplicité du cœur et l'émerveillement de l'esprit.

Dugpa Rimpoché, *Préceptes de vie* (1996)

Un sourire ne coûte rien, mais il rapporte beaucoup ; il enrichit celui qui le reçoit sans appauvrir celui qui le donne.

Frank Irving Fletcher

AIMER, SE SENTIR JEUNE ET PLEIN D'AMOUR, SENTIR LA NATURE ET SES HARMONIES PALPITER EN VOUS, AVOIR BESOIN DE CETTE RÊVERIE, DE CETTE ACTION DU CŒUR, ET S'EN SENTIR HEUREUX.

Gustave Flaubert, *Mémoires d'un fou* (1838)

C'est parce que nous tendons la main que notre cœur se réchauffe.

Jean Gastaldi

Pourquoi ne ferais-je pas de ma vie, de tous les jours de ma vie, une seule œuvre d'amour ?

Raoul Follereau

Le bonheur c'est le premier baiser timide qui dit : Je t'aime et c'est pour la vie !

Jean Gastaldi

Vous croyez encore que l'on n'embrasse qu'avec les lèvres ; mais les vrais baisers sont des sourires.

Denys Gagnon, *Haute et profonde la nuit* (1982)

En amitié, toutes pensées, tous désirs, toutes attentes naissent sans parole et se partagent souvent dans une joie muette.

Khalil Gibran

Car le bonheur est fait de trois choses sur terre, qui sont : un beau soleil, une femme, un cheval !

Théophile Gautier

IL N'EST PAS DE JOIE QUI ÉGALE CELLE DE SE CRÉER DE NOUVELLES AMITIÉS.

Proverbe chinois

Deux yeux échangent leurs regards et les êtres existent.

Proverbe chinois

Autant d'oiseaux
au monde
Autant de lettres d'amour
Que le facteur apporte
Et glisse sous les portes
C'est le courrier du cœur
Le courrier du bonheur.

Charles Trenet, *Quand un facteur s'envole*

VEUX-TU VIVRE HEUREUX ? VOYAGE AVEC DEUX SACS, L'UN POUR DONNER, L'AUTRE POUR RECEVOIR.

Goethe

Aimer ne peut être que joie et bonheur, sinon ce n'est pas de l'amour.

Jean Gastaldi

IL N'Y A PAS DE PLUS GRAND PLAISIR AU MONDE QUE D'ÊTRE EN AGRÉABLE COMPAGNIE.

Carlo Goldoni, *Arlequin serviteur de deux maîtres* (1753)

On ne vit pleinement qu'en vivant pour beaucoup d'autres.

Jean-Marie Guyau

Un geste de tendresse a la délicatesse d'un pétale de rose.

Jean Gastaldi, Le Petit Livre de la tendresse *(2006)*

QUI A CONFIANCE EN SOI CONDUIT LES AUTRES.

Horace, *Épîtres* (19 ou 18 avant J.-C.)

Il n'est rien au monde qui vous donne plus de noblesse et plus de bonheur qu'un amour immuable, sans paroles, sans passion.

Hermann Hesse, *Peter Camenzind* (1904)

UN MOT GENTIL PEUT RÉCHAUFFER JUSQU'À TROIS MOIS D'HIVER.

Proverbe japonais

Il ne faut pas économiser sa tendresse, en être avare : c'est un don magique et généreux.

Jean Gastaldi, Le Petit Livre de la tendresse *(2006)*

Le bonheur, c'est d'aimer une femme
et c'est d'être aimé d'elle sans raison,
sans contrainte et parce qu'elle est belle !

Sacha Guitry, *Deburau* (1950)

LE SUPRÊME BONHEUR DE LA VIE,
C'EST LA CONVICTION QU'ON EST AIMÉ.

Victor Hugo, *Les Misérables* (1862)

Écouter est une attitude du cœur, un désir authentique d'être avec l'autre qui attire et guérit à la fois.

J. Isham

L'amoureux qui
espère ressent
plus de bonheur
que l'amoureux
qui a obtenu !

Albert Jacquard,
*Petite philosophie
à l'usage des non-
philosophes* (1997)

Un mot aimable est comme un jour de printemps.

Proverbe russe

QUAND TU DONNES, DONNE AVEC JOIE ET EN SOURIANT.

Joseph Joubert, *Pensées*

Le bonheur, ce n'est pas d'être aimé. Chaque être humain a de l'amour pour lui-même, et pourtant, ils sont des milliers à vivre une existence de damné. Non, être aimé ne donne pas le bonheur. Mais aimer, ça c'est le bonheur !

Hermann Hesse, *Klein et Wagner* (1919)

Cette vitesse du bonheur à deux, qui met de l'inattendu dans la banalité et déguise les habitudes en projets.

Pierre Kyria, Pierrot des solitudes *(1979)*

Je crois à la nécessité du rapport à l'autre non seulement pour être heureux, mais bien plus fondamentalement pour être conscient.

Albert Jacquard, *Petite philosophie à l'usage des non-philosophes* (1997)

Qui aime est bien plus heureux que qui est aimé.

Jean-Benjamin de Laborde, *Pensées et maximes* (1791)

Le plus court chemin du plaisir au bonheur passe par la tendresse.

Grégoire Lacroix, *Euphorismes de Grégoire* (2006)

IL Y A DU PLAISIR À RENCONTRER LES YEUX DE CELUI À QUI L'ON VIENT DE DONNER.

Jean de La Bruyère

Toute rencontre est importante, car elle peut s'avérer unique.

Proverbe japonais

ON ADMIRE LE MONDE À TRAVERS CE QU'ON AIME.

Alphonse de Lamartine, *Jocelyn* (1836)

SI TU NE PEUX PAS ÊTRE UNE ÉTOILE AU FIRMAMENT, SOIS UNE ÉTOILE CHEZ TOI.

Proverbe marocain

Heureux celui qui retrouve le soir le foyer domestique et s'y assied au milieu des siens.

Félicité Robert de Lamennais, Paroles d'un croyant *(1834)*

SI VOTRE CŒUR EST UNE ROSE, VOTRE BOUCHE DIRA DES MOTS PARFUMÉS.

Proverbe russe

Bonheur à un, c'est bien ; bonheur à deux, c'est mieux.

Louis Terigaud

L'homme qui dit qu'il n'est pas né heureux pourrait du moins le devenir par le bonheur de ses amis ou de ses proches.

Jean de La Bruyère, *Les Caractères* (1688)

LE SOURIRE QUE TU ENVOIES REVIENT VERS TOI.

Proverbe hindou

N'enlevez à personne des opinions qui le rendent heureux, si vous ne pouvez pas lui en donner de meilleures.

Johann Kaspar Lavater

LE PLAISIR LE PLUS DÉLICAT EST DE FAIRE CELUI D'AUTRUI.

Jean de La Bruyère,
Les Caractères (1688)

**Et l'amour, c'est deux malheurs
Qui ensemble font un bonheur.**

Charles de Leusse

La plus belle chose que la Terre nous a donnée, ce qui fait de nous des êtres humains, c'est le bonheur de partager. Celui qui ne sait pas partager est infirme de ses émotions.

Marc Lévy, Et si c'était vrai… *(2000)*.

LA JOIE PARTAGÉE GRANDIT.

Massa Makan Diabaté, *Le Lieutenant de Kouta* (1979)

AMUSER LES AUTRES EST UNE DES FAÇONS LES PLUS ÉMOUVANTES D'EXISTER.

Clarice Lispector

Nous envions le bonheur des autres, les autres envient le nôtre.

Proverbe latin

Un des plus grands bonheurs de cette vie, c'est l'amitié. Et l'un des bonheurs de l'amitié, c'est d'avoir à qui confier un secret.

Alessandro Manzoni,
Le Comte de Carmagnole (1816)

Accommode-toi aux choses que t'assigne le sort ; et les hommes, que le destin te donne pour compagnons, aime-les, mais du fond du cœur.

Marc Aurèle,
Pensées pour moi-même
(170-180)

Où peut-on être mieux qu'au sein de sa famille ?

Jean-François Marmontel, *Lucile* (1769)

Si tu as de nombreuses richesses, donne ton bien ; si tu possèdes peu, donne ton cœur.

Proverbe berbère

L'usage le plus digne que l'on puisse faire de son bonheur, c'est de s'en servir à l'avantage des autres.

Marivaux, *L'Île de la raison* (1727)

Le soleil de l'homme, c'est l'homme.

Jules Michelet, *Journal*

Il n'est oiseau qui sût voler
Si haut comme un cœur peut aller.

Mellin de Saint-Gelais

Les plaisirs de l'amour sont, selon moi, les seuls vrais plaisirs de la vie corporelle.

Montaigne, *Essais* (1580)

Tout homme est capable de faire du bien à un homme ; mais c'est ressembler aux dieux que de contribuer au bonheur d'une société entière.

Montesquieu, *Lettres persanes* (1721)

Les explications sont un des grands plaisirs de la vie à deux.

Paul Morand, *L'Homme pressé* (1941)

LÀ OÙ L'ON S'AIME IL NE FAIT JAMAIS NUIT.

Proverbe africain

Celui qui n'aime nul être ignore la joie de vivre.

Musluh al-Din Saadi, Le Parterre de roses *(1258)*

BREBIS ACCOMMODANTES TROUVENT PLACE DANS LA BERGERIE.

Proverbe allemand

LE BONHEUR EST UNE FEMME.

Friedrich Wilhelm Nietzsche, *Ainsi parlait Zarathoustra* (1885)

Mais la beauté de l'amour, c'est l'interpénétration de la vérité de l'autre en soi, de celle de soi en l'autre, c'est de trouver sa vérité à travers l'altérité.

Edgar Morin, Amour, Poésie, Sagesse *(1997)*

Trouver sur les lèvres d'un honnête homme ce qu'on a soi-même dans le cœur, c'est le plus grand des bonheurs qu'on puisse désirer.

Alfred de Musset, *Lorenzaccio* (1834)

L'homme n'a pas d'amis, c'est son bonheur qui en a.

Napoléon Ier

Beau temps le jour du mariage, bonheur certain jusqu'au grand âge.

C'est ça, le bonheur... Trouver à son foyer un être qu'intéressent les banalités de notre vie quotidienne... S'entendre dire : « Tu es un peu pâlotte, repose-toi... »

Paul Nivoix, *Ève toute nue* (1927)

Il n'y a pas besoin de parler. Il n'y a que deux choses qui servent au bonheur : c'est de croire et d'aimer.

Charles Nodier, *La Fée aux miettes* (1832)

Que celui qui donne le fasse avec libéralité, que celui qui préside le fasse avec zèle, que celui qui pratique la miséricorde le fasse avec joie.

Saint Paul, *Épître aux Romains* (57)

Il n'y a pas d'amour sans liberté.

Jean-Marie Pelt, *La vie est mon jardin* (2000)

Ne jamais exagérer le mal qu'on peut faire aux autres. Leur laisser ce plaisir.

Daniel Pennac, *Au bonheur des ogres* (1985)

Avec tout l'argent du monde, on ne fait pas des hommes, mais avec des hommes et qui aiment, on fait tout.

Abbé Pierre

Une bonne action porte en elle sa récompense. Faire le bien est une source de bonheur si facile que je m'étonne toujours que le bien ne soit pas plus répandu.

Christine Orban, *Petites phrases pour traverser la vie en cas de tempête... et par beau temps aussi* (2007)

Quand nous aimons, nous sommes l'univers et l'univers vit en nous.

Octave Pirmez, *Les Feuillées : pensées et maximes* (1862)

Une oreille attentive est exceptionnelle aussi bien pour celui qui écoute que pour celui qui parle. Lorsque nous sommes reçus à cœur ouvert, sans être jugés, qu'on nous écoute d'une oreille intéressée, notre esprit s'ouvre.

Sue Patton Thoele

À quoi l'on sert quand on ne rend personne heureux ?

Monique Proulx, *Le cœur est un muscle involontaire* (2002)

« L'enfer, c'est les autres », écrivait Sartre. Je suis intimement convaincu du contraire. L'enfer, c'est soi-même coupé des autres.

Abbé Pierre

LE BONHEUR INDIVIDUEL SE DOIT DE PRODUIRE DES RETOMBÉES COLLECTIVES, FAUTE DE QUOI, LA SOCIÉTÉ N'EST QU'UN RÊVE DE PRÉDATEUR.

Daniel Pennac,
La Fée carabine (1987)

Vivre ensemble au jour le jour sans penser au lendemain. C'est la seule façon d'être heureux.

Suzanne Ratelle-Desnoyers, *Maintenant, je sais…* (1978)

CE QU'IL Y A D'ADMIRABLE DANS LE BONHEUR DES AUTRES, C'EST QU'ON Y CROIT.

Marcel Proust

La joie des autres est une grande part de la nôtre.

Ernest Renan

Le bonheur est individuel en ce sens que chacun est le propre artisan de son bonheur, mais il n'est vrai, profond et complet, qu'en s'étendant sur l'humanité entière.

Élisée Reclus, *L'Homme et la Terre* (1905-1908)

Je ressentis devant elle ce désir de vivre qui renaît en nous chaque fois que nous prenons de nouveau conscience de la beauté et du bonheur.

Marcel Proust, *À l'ombre des jeunes filles en fleurs* (1918)

ON N'EST JAMAIS HEUREUX QUE DANS LE BONHEUR QU'ON DONNE. DONNER, C'EST RECEVOIR.

Abbé Pierre, *Servir, paroles de vie* (2006)

Prendre congé de quelqu'un, c'est parfois faire deux heureux.

Louis-Philippe Robidoux, *Feuilles volantes* (1949)

SOUVIENS-TOI D'AIMER !

Abbé Pierre

QUAND UN HOMME AMUSE UNE FEMME, IL EST BIEN PRÈS D'EN ÊTRE AIMÉ.

Robert de Roquebrune

TOUT PLAISIR EST PLAISIR D'AMOUR.

Jean Rostand

Soyons reconnaissants aux personnes qui nous donnent du bonheur ; elles sont les charmants jardiniers par qui nos âmes sont fleuries.

Marcel Proust

La jalousie d'autrui a, du moins, cet avantage parfois de nous faire découvrir notre propre bonheur.

Charles Régismanset, *Le Livre de mes amis* (1921)

Le bonheur, comme tous les délices, n'est entier que lorsqu'il est partagé.

Jean-Christophe Rufin

Je sens que faire le bien est le plus vrai bonheur que le cœur humain puisse goûter.

Jean-Jacques Rousseau, *Rêveries du promeneur solitaire*, sixième promenade (1776-1778)

Dans un couple, peut-être que l'important n'est pas de vouloir rendre l'autre heureux, c'est de se rendre heureux et d'offrir ce bonheur à l'autre.

Jacques Salomé, *Si je m'écoutais, je m'entendrais* (2003)

La joie, c'est d'aimer envers et contre tous... Aimer sans esprit de retour... Donner tout...

Charlotte Savary, *Le Député* (1961)

Le bonheur dans la vie, c'est gagner l'estime des autres.

Raymond Ruyer, *L'art d'être toujours content* (1978)

Aimer est un bonheur, haïr est un tourment ; l'amour est la loi du ciel, la haine celle de l'enfer.

Louis-Philippe de Ségur

Le plus beau des cadeaux que quelqu'un puisse vous faire n'est pas de vous aimer mais de vous apprendre à vous aimer.

Jacques Salomé, *Lettres à l'intime de soi* (2001)

Le secret du bonheur en amour, ce n'est pas d'être aveugle mais de savoir fermer les yeux quand il le faut.

Simone Signoret

Rien de plus beau dans l'existence que de pouvoir allumer dans une âme le rayon de la joie !

Georges Sengeris

La modeste et douce bienveillance est une vertu qui donne plus d'amis que la richesse et plus de crédit que le pouvoir.

Comtesse de Ségur

L'amour est la joie, accompagnée de l'idée d'une cause.

Baruch Spinoza, *Éthique* (1677)

Le plus grand bonheur que puisse donner l'amour, c'est le premier serrement de main d'une femme qu'on aime.

Stendhal, *De l'amour* (1822)

Il y a une infinie douceur à aller au-devant de l'amour, au-devant de la demande. Il y a une lumineuse noblesse à offrir ce qui nous manque et à nous réjouir d'un simple sourire.

Marie de Solemne, *Innocente culpabilité* (1998)

Ne laissez personne venir à vous et repartir sans être plus heureux.

Agnes Gonxha Bojaxhiu, dite Mère Teresa

Gardez bien votre joie et communiquez-la aux autres.

Délia Tétreault

METTEZ DU SOLEIL AU CŒUR DE CEUX QUI VOUS APPROCHENT.

Délia Tétreault

L'ami vrai, ce n'est pas celui qui sait se pencher avec pitié sur notre souffrance, c'est celui qui sait regarder sans envie notre bonheur.

Gustave Thibon,
L'Échelle de Jacob (1942)

CE QUI M'INTÉRESSE, CE N'EST PAS LE BONHEUR DE TOUS LES HOMMES, C'EST CELUI DE CHACUN.

Boris Vian, *L'Écume des jours* (1947)

TANT QUE TU SERAS HEUREUX, TU COMPTERAS BEAUCOUP D'AMIS.

Virgile

Si chaque homme, chaque jour, jetait une fleur sur le chemin de son prochain, les routes de la Terre seraient tellement plus agréables !

Proverbe chinois

L'AMITIÉ EST LE VIN DE LA VIE.

Edward Young, *Les Nuits* (1742-1745)

C'est insulter les autres que de paraître dédaigner leurs joies.

Marguerite Yourcenar,
Mémoires d'Hadrien (1951)

AIMER ET ÊTRE AIMÉ, C'EST SENTIR LE SOLEIL DES DEUX CÔTÉS.

David Viscott

Le bonheur ne dépend pas de l'endroit où l'on vit, mais de la personne avec laquelle on est.

Zhang Xianliang, Mimosa *(1986)*

A MESA

Petits et grands bonheurs

Comme la fraise a le goût de fraise, ainsi la vie a goût de bonheur.

Alain, *Propos sur le bonheur* (1925)

Le rire est à l'homme ce que la bière est à la pression.

Alphonse Allais

La nature humaine possède la force de la joie : le sourire.

Lena Allen-Shore, *Ne me demandez pas qui je suis* (1965)

L'attente d'une joie n'est-elle pas meilleure que le souvenir ?

Augusta Amiel-Lapeyre, *Pensées sauvages* (1930)

La joie intense : se recueillir et se taire. Parler, c'est disperser.

Henri-Frédéric Amiel, *Journal intime*

Sourire est la meilleure façon de montrer les dents au destin.

LE VIN EST LE PLUS INFAILLIBLE DES PRÉSAGES CAR IL ANNONCE LA JOIE, LA FRANCHE GAIETÉ, LE BONHEUR ENFIN.

Philippe Aubert de Gaspé, *Les Anciens Canadiens* (1863)

Rien ne sèche plus vite qu'une larme.

Apollonios de Rhodes

La bonne humeur est aussi contagieuse que la rougeole.

Robert Baden-Powell

IL EST DES JOURS HEUREUX CACHÉS DANS L'AVENIR.

Jean-François Ancelot, *Fiesque* (1824)

Il est sain de rire, mais bon d'avoir pleuré.

Anne Barratin, *Pensées* in *Œuvres posthumes* (1920)

Le bonheur se faufile par une porte qu'on ne savait pas avoir laissée ouverte.

John Barrymore

Qu'est-ce qu'on attend pour être heureux ? Qu'est-ce qu'on attend pour faire la fête ?

Ray Ventura, 1937

Les humbles travaux quotidiens, la simplicité de la vie, les modestes joies qu'on se tisse dans la couleur du temps qui passe, tout cela ressemble étrangement au bonheur.

Ève Bélisle, *La rivière avait une âme* (1988)

Heureux qui, comme Ulysse, a fait un beau voyage.

Joachim du Bellay, *Les Regrets* (1558)

Le bon vin réjouit le cœur de l'homme.
Psaume, 104,15

On peut faire très sérieusement ce qui vous amuse, les enfants nous le prouvent tous les jours…

Georges Bernanos, *Dialogues des carmélites* (1949)

C'est bien d'avoir une vie organisée, tu sais… C'est parfois une forme de bonheur…

Marie-Claire Blais, *Deux Destins* in *Fièvre et autres textes dramatiques* (1974)

La nature est si bonne qu'elle tourne à notre plaisir tous ses phénomènes.

Henri Bernardin de Saint-Pierre, *Études de la nature* (1784)

Le sourire est le baiser de l'âme.

Michel Bouthot, Chemins parsemés d'immortelles pensées *(1999)*

Prenez le temps de chanter,
De rire, de vous amuser.
Tout le monde sait bien
qu'après tout la vie
Est souvent jolie
Quand on la prend
du bon côté.

Charles Trenet, *Prenez le temps de chanter*

Heureux ceux
qui sont affligés,
car ils seront consolés.

Évangile selon saint Matthieu, 5,4

Celui qui plante un jardin plante le bonheur.
Proverbe chinois

HEUREUX CELUI QUI NAÎT EN JUIN
PARMI LES NIELLES. IL CONNAÎT LA
BEAUTÉ DE CHOSES ÉTERNELLES !...

René Guy Cadou, *Les Biens*
de ce monde (1951)

Le moment
présent a un
avantage sur tous
les autres : il nous
appartient.

Charles Caleb Colton

Tant qu'il y a de la vie, il y a de l'espoir.

J'étais furieux de n'avoir pas de souliers ; alors j'ai rencontré un homme qui n'avait pas de pieds, et je me suis trouvé content de mon sort.

Proverbe chinois

Je connais un moyen de ne pas vieillir : c'est d'accueillir les années comme elles viennent et avec le sourire… un sourire, c'est toujours jeune.

Francis Blanche et Pierre Dac, *L'Os à moelle*

Les beaux instants sont éternels.

Alain Bosquet, *La Confession mexicaine* (1965)

Le rire de la joie, à l'encontre du rire de l'amusement, est en pleine harmonie avec la vie intérieure.

Lewis Carroll

Sourire, c'est rajeunir de dix ans.

Proverbe chinois

On mettra pas nos refrains
dans les musées.
Les paroles, on les écrit
pour qu'elles s'envolent.
Les musiques, on les écrit
pour s'amuser.

Yves Duteil, *Les P'tites casquettes* (1977)

Vivre la naissance d'un enfant est notre chance la plus accessible de saisir le sens du mot miracle.

Paul Carvel, *Jets d'encre* (2000)

Chaque sourire que tu fais naître change le poids spécifique du monde.

Gilbert Cesbron, *Un miroir en miettes* (1973)

La plus perdue de toutes les journées est celle où l'on n'a pas ri.

Chamfort, *Maximes et pensées* (1795)

Je trouve mes plus grands bonheurs dans les petits plaisirs.

Françoise Chandernagor

Au plus fort de l'orage, il y a toujours un oiseau pour nous rassurer. C'est l'oiseau inconnu, il chante avant de s'envoler.

René Char, *Rougeur des matinaux* (1949)

Il suffit de peu pour engendrer un sourire, et il suffit d'un sourire pour que tout devienne possible.

Gilbert Cesbron, *Tant qu'il fait jour* (1967)

Le rire est un désinfectant.

Maurice Chapelan, *Lire et écrire* (1960)

ON N'EST JAMAIS PUNI POUR AVOIR FAIT MOURIR DE RIRE.

Proverbe chinois

La faculté de rire aux éclats est preuve d'une âme excellente.

Jean Cocteau

Le premier mai c'est pas gai,
Je trime, a dit le muguet,
Muguet, sois pas chicaneur,
Car tu donnes du bonheur.

Georges Brassens

COMME UNE BATTERIE ÉLECTRIQUE, L'ORGANISME SE CHARGE PAR LES CONTRARIÉTÉS ET SE DÉCHARGE PAR LE RIRE.

Malcolm de Chazal

LA JOIE EST EN TOUT ;
IL FAUT SAVOIR L'EXTRAIRE.

Confucius

Offrez des fleurs ! Apportez ou faites livrer quelques bouquets colorés à votre famille ou à vos amis.

Christelle Heurtault, Mon petit livre du bonheur *(2004)*

Le soleil luit pour tout le monde.

Le rire désarme, ne l'oublions pas.

Pierre Dac, *L'Os à moelle*

Plus la joie est extrême et plus elle est fugitive ; mais j'en garde pourtant la mémoire si vive, que mon plaisir perdu n'est pas du tout passé.

Philippe Desportes,
Les Amours de Cléonice (1583)

Il y a de la joie dans tout, même dans la honte ; le tout c'est d'oser la prendre.

Réjean Ducharme,
Le nez qui voque
(1967)

Le moment de bonheur le plus intense ? Le prochain… […] j'ai une grande excitation à me demander : « Que va-t-il se passer après ? »

Marie Drucker, interview accordée à *Marie-Claire*, décembre 2009

Plus on est de fous, plus on rit.

Le bonheur n'est pas dans la recherche de la perfection, mais dans la tolérance de l'imperfection.

AIMER LA NATURE, C'EST SE DONNER LE PLAISIR D'ÊTRE POÈTE SANS AVOIR LA PEINE DE RIMER.

Louis Dumur, *Petits Aphorismes* (1892)

Rire c'est vivre et s'en priver c'est un peu mourir.

Daniel Daigneault

Même si la vie est courte, un sourire ne prend qu'une seconde.

Proverbe arabe

LE BON MOMENT POUR RIRE : CHAQUE FOIS QUE L'ON PEUT.

Linda Ellerbee

Il est heureux de tomber à terre si, pendant que vous y êtes étendu, votre main rencontre un diamant.

Proverbe indien

La joie de contempler et de comprendre, voilà le langage que me porte la nature.

Albert Einstein, *Comment je vois le monde* (1934)

Le sourire est l'amulette des gens civilisés.

Jean Éthier-Blais, *Entre toutes les femmes* (1988)

MIEUX VAUT, POUR SURVIVRE, QUELQUES VERS HEUREUX QU'UNE FORTUNE.

Édouard Fournier, *L'Esprit des autres* (1855)

LE BONHEUR
EST DANS LE PRÉ.
COURS-Y VITE,
COURS-Y VITE.
LE BONHEUR EST
DANS LE PRÉ.
COURS-Y VITE,
IL VA FILER.
SI TU VEUX LE
RATTRAPER,
COURS-Y VITE,
COURS-Y VITE.
SI TU VEUX LE
RATTRAPER,
COURS-Y VITE,
IL VA FILER.

Bernard Le Bouyer de Fontenelle
Du bonheur (1766)

C'est difficile de sourire quand on est triste, mais, lorsqu'on y parvient, ça donne un des plus beaux sourires qui soit.

Maxence Fermine, *Billard blues* (2003)

Le beau jour se prouve au soir.

Proverbe latin

Une définition du rire ? Le plus grand antidépresseur.

Irène Frain

Les grandes choses peuvent se manifester par de petits signes.

Sigmund Freud

Il faut sourire pour être belle.
Claude Frisoni, *Frisoni soit qui mal y pense* (1992)

IL Y A TOUJOURS MILLE SOLEILS À L'ENVERS DES NUAGES.

Cœur heureux fait visage épanoui.
Proverbe anglais

Peut-on rire du malheur des autres ? Ca dépend… si le malheur des autres est rigolo, oui.
Philippe Geluck

La vie aussi a besoin de gaieté, à l'en juger par les fleurs des champs, qui sourient tellement mieux que les autres.
Romain Gary, *Clair de femme* (1977)

Il n'y a pas un millimètre du monde qui ne soit savoureux.

Jean Giono

Choisir une serviette, c'est déjà choisir un état d'âme, c'est choisir la qualité de bonheur qu'on éprouvera en sortant de la douche, c'est décider d'avance s'il sera gai ou tendre ou fou ou calme ou moqueur ou profond.

Louis Gauthier, *Anna* (1967)

Regarder les nuages défiler dans le ciel et y deviner des formes amusantes apaise nos inquiétudes. Cela permet de retrouver le calme et de se détacher des soucis quotidiens.

Jean Gastaldi

LE LOISIR, VOILÀ LA PLUS GRANDE JOIE ET LA PLUS BELLE CONQUÊTE DE L'HOMME.

Rémy de Gourmont

Le bonheur est contagieux : entourez-vous de visages heureux.

Dominique Glocheux

RIEN NE VAUT CE JOUR D'AUJOURD'HUI.
Goethe

Abeilles en mai valent un louis d'or, abeilles en juin, c'est chance encore.

LA VIE DE L'HOMME EST UNE CHASSE AU BONHEUR. PARMI CES BONHEURS, L'EXERCICE DE LA GOURMANDISE EST UN DES PLUS IMPORTANTS.
Jean Giono

LE RIRE EST MEILLEUR QUE LA PRIÈRE POUR LE SALUT DE L'ÂME.
Henri Gougaud, *Bélibaste* (1982)

Ce qui est bref et bon est deux fois bon.
Baltasar Gracián y Morales, *Oráculo manual y arte de prudencia* (1647)

Après la pluie, le beau temps.

Le sourire est un devoir social.

Stéphane Gsell

LES JOIES DU MONDE SONT NOTRE SEULE NOURRITURE. LA DERNIÈRE PETITE GOUTTE NOUS FAIT ENCORE VIVRE.

Jean Giono, *Que ma joie demeure* (1936)

Un grain de gaieté assaisonne tout.

Baltasar Gracián y Morales

Les joies de la vie, bois-les toutes une à une !

Françoise Gründ,
Le Goût du bonheur (2004)

La joie de vivre est une émotion contagieuse.

Edward D. Wynot

Le silence physique, l'absence de bruit me sont une nécessité absolue.

Guillevic, *Vivre en poésie* (1980)

À QUOI BON ALLER SI LOIN CHERCHER LE BONHEUR, IL EST LÀ SOUS NOS YEUX.

LES JOURS SONT DES FRUITS ET NOTRE RÔLE EST DE LES MANGER.

Jean Giono

Les jours de réjouissance sont les jours de faveur, parce que la joie du dedans rejaillit au-dehors.

Baltasar Gracián y Morales, L'Homme de cour *(1646)*

On croit que le bonheur c'est d'être bien portant, alors que l'important c'est de cesser d'être malade!

Sacha Guitry, *Le Mot de Cambronne* (1936)

CELUI QUI A SENTI UNE FOIS DANS SES MAINS TREMBLER LA JOIE NE POURRA PLUS JAMAIS MOURIR.

José Hierro

Un bon repas adoucit l'esprit et régénère le corps. De son abondance découle une bienveillance chaleureuse.

Frederick W. Hackwood

Chanter est toujours un acte joyeux.

Jacques Higelin

Toute beauté est une joie éternelle.

John Keats, *Endymion* (1818)

Faire rire, c'est faire oublier. Quel bienfaiteur sur la terre, qu'un distributeur d'oubli !

Victor Hugo

Le contentement est une valeur qui ne s'use jamais.

Hazrat Ali

Un sourire ne coûte rien, mais il rapporte beaucoup ; il enrichit celui qui le reçoit sans appauvrir celui qui le donne.

Frank Irving Fletcher

Des amis, un flacon de vin, du loisir, un coin parmi les fleurs… je n'échangerais pas cette joie pour un monde, présent ou à venir.

Hafez, *Les Ghazels*

Le rire, comme les essuie-glaces, permet d'avancer même s'il n'arrête pas la pluie.

Gérard Jugnot

Pensez aux maux dont vous êtes exempt.
Joseph Joubert

Peut-être le bonheur n'est-il qu'un contraste, mais il y a une foule de petits bonheurs qui suffisent pour parfumer la vie.

Alphonse Karr,
Sous les tilleuls (1832)

LA JOIE QUE NOUS INSPIRONS A CELA DE CHARMANT QUE, LOIN DE S'AFFAIBLIR COMME TOUT REFLET, ELLE NOUS DEVIENT PLUS RAYONNANTE.

Victor Hugo, *Les Misérables* (1862)

Le sourire est strie de lumière et de liberté.

Edmond Jabès, *Le Livre des questions* (1963)

IL FAUT TOUJOURS POUVOIR RÉPONDRE « OUI » À LA QUESTION : « CES DERNIERS TEMPS AI-JE ÉTÉ HEUREUX ? »

Jia Bin

Jour après jour, c'est un bon jour.
Koan zen

Rien qui m'appartienne –
sinon la paix du cœur
et la fraîcheur de l'air.

Issa Kobayashi (haïku)

Le véritable bonheur, c'est une rose, deux pains de froment, trois amis, quatre chansons et cinq flacons de vin.

Omar Khayyâm

Savoir sourire : quelle force d'apaisement, force de douceur, de calme, force de rayonnement !

Guy de Larigaudie

AU LIEU DE ME PLAINDRE DE CE QUE LA ROSE A DES ÉPINES, JE ME FÉLICITE DE CE QUE L'ÉPINE EST SURMONTÉE DE ROSES ET DE CE QUE LE BUISSON PORTE DES FLEURS.

Joseph Joubert

UN ENNUYEUX S'ENNUIE CHEZ LES CLOWNS. UN JOYEUX S'AMUSE AUX ENTERREMENTS.

Félix Leclerc

AUJOURD'HUI, UN SOLEIL NOUVEAU S'EST LEVÉ POUR MOI : TOUT EST VIVANT, TOUT EST ANIMÉ, TOUT ME PARLE DE MA PASSION, TOUT M'INVITE À LA CHÉRIR.

Ninon de Lenclos

Travailler dans la joie délivre de la servitude.

Reine Malouin, *Cet ailleurs qui respire* (1954)

Donner la main à quelqu'un a toujours été ce que j'ai espéré de la joie.

Clarice Lispector

Si l'on ne peut pas rire au paradis, je ne tiens pas à y aller.

Martin Luther

EN TE LEVANT LE MATIN, RAPPELLE-TOI COMBIEN PRÉCIEUX EST LE PRIVILÈGE DE VIVRE, DE RESPIRER, D'ÊTRE HEUREUX.

Marc Aurèle

L'on est toujours assez riche, quand on est content de peu.

Chevalier de Méré

Vous me demandez quel est le suprême bonheur ici-bas ? C'est d'écouter la chanson d'une petite fille qui s'éloigne après vous avoir demandé son chemin.

Li Bai

N'est-ce pas qu'il y a des nuits étranges où le paysage qui nous regarde a l'air de contenir tout le bonheur que nous voudrions enfermer en nous ?

Pierre Louÿs, *Les Aventures du roi Pausole* (1901)

De combien de petits bonheurs l'homme du monde n'est-il pas entouré !

Marivaux

Il y a des fleurs partout pour qui veut bien les voir.
Henri Matisse

Fais n'importe quoi, mais tires-en de la joie.
Henry Miller

Celui qui a le cœur content trouve le bonheur partout. Quand son pied se joue dans une pantoufle, n'est-ce pas pour l'oisif comme si tout l'univers était recouvert d'un cuir souple et caressant ?

Paul Masson, Les Pensées d'un yoghi *(1896)*

Je ne connais personne qui ne soit pas heureux de faire du beau travail ; la joie de tout homme est de réussir quelque chose.

François Michelin

Il n'y a pas de moments ordinaires.

Dan Millman,
Le Guerrier pacifique
(1980)

Tout bonheur commence par un petit déjeuner tranquille.

William Somerset Maugham

Nos moments de bonheur nous arrivent par surprise. Ce n'est pas nous qui les créons, ce sont eux qui s'emparent de nous.

L'allégresse du cœur s'augmente à la répandre.

Molière, *L'École des femmes* (1662)

La gastronomie est la joie de toutes les situations et de tous les âges. Elle donne la beauté de l'esprit.

Charles Monselet

Je m'éveille le matin avec une joie secrète ; je vois la lumière avec une espèce de ravissement. Tout le reste du jour je suis content.

Montesquieu, *Cahiers*
1716-1755

La vie n'est supportable que si l'on y introduit non pas de l'utopie mais de la poésie, c'est-à-dire de l'intensité, de la fête, de la joie, de la communion, du bonheur et de l'amour.

Edgar Morin, *Vers l'abîme ?* (2007)

Ne songeons qu'à nous réjouir :
La grande affaire est le plaisir.

Molière

GOÛTEZ TOUS LES PLAISIRS ET SOUFFREZ TOUS LES MAUX ET DITES : C'EST BEAUCOUP ET C'EST L'OMBRE D'UN RÊVE.

Jean Moréas, *Stances* (1893)

Il m'a fallu toute une vie pour comprendre que le bonheur se trouve dans les petites choses et non dans les paroxysmes de l'extase.

Anaïs Nin

NOUS AVONS TOUTE LA VIE POUR NOUS AMUSER ET TOUTE LA MORT POUR NOUS REPOSER.

Georges Moustaki

UN COMPLIMENT EST UN RAYON DE SOLEIL VERBAL.
Robert Orben

Tout le bonheur du monde est dans l'inattendu.

Jean d'Ormesson, interview accordée à *Libération*, 23 décembre 2000

Plus de souvenirs, plus de projets, plus rien que le sentiment d'exister, le plaisir d'exister, l'existence pure.

Jean Onimus, *Bonheurs, bonheur* (1983)

LE RIRE DES ENFANTS EST POUR MOI LA PREUVE DE L'EXISTENCE DE DIEU, MA SEULE ESPÉRANCE.

Astrid d'Ozan

On ne peut pas être heureux à tort ; on ne peut pas avoir tort d'être heureux.

Henri Petit, Les Justes Solitudes *(1965)*

Un sourire coûte moins cher que l'électricité et donne plus de lumière.

Abbé Pierre, *Confessions* (2002)

Un être humain est bien plus heureux et bien plus épanoui lorsqu'il se dévoue à une cause qui dépasse sa propre personne et son autosatisfaction.

Benjamin McLane Spock

Être étonné, c'est un bonheur ; et rêver, n'est-ce pas un bonheur aussi ?

Edgar Allan Poe, *Histoires extraordinaires* (1856)

RIRE EST LE PROPRE DE L'HOMME.

François Rabelais

Il n'y a rien de plus profondément plaisant que de rire sans savoir pourquoi. C'est une grâce qui est refusée à ceux qui cherchent une cause à tout et finissent, tant pis, par la trouver. Ma philosophie du bonheur n'admet pas de cause. Être heureux parce que ceci ou parce que cela, ce n'est que du plaisir ou de la joie, ce n'est pas encore toucher par tous les pores de son être au bonheur gratuit d'être en vie.

Georges Picard, *Tous fous* (2003)

Comme ça lave, un bon rire !

Daniel Picouly

J'ai fait la
magique étude
Du bonheur, que
nul n'élude.

Arthur Rimbaud,
Ô saisons, ô châteaux
(1872)

La pointe de ton sein
A tracé tendrement
La ligne de ma chance
Dans le creux de ma
main.

Jacques Prévert, *Sanguine*

LORSQUE L'HOMME FAIT UNE ACTION DANS LA JOIE, IL S'OUVRE AU MIRACLE DU FUTUR ET DÉLIVRE LES ÉTINCELLES DE SAINTETÉ RETENUES PRISONNIÈRES DANS LES ÊTRES.

Rabbi Naham de Brazlaw

Cueillez dès
aujourd'hui
les roses
de la vie.

Pierre de Ronsard,
Sonnets pour Hélène
(1578)

Nous sommes ici-bas pour rire. Nous ne le pourrons plus au purgatoire ou en enfer. Et, au paradis, ce ne serait pas convenable.

Jules Renard

LA TRACE D'UN RÊVE N'EST PAS MOINS RÉELLE QUE CELLE D'UN PAS.

Georges Duby

Depuis que je n'attends rien
il arrive à chaque instant
ce que je n'attendais pas.

Claude Roy, *Les Rencontres des jours, 1992-1993* (1995)

Sauter, danser, faire les tours
et boire vin blanc et vermeil,
et ne rien faire tous les jours
que compter écus au soleil.

Rabelais, *Pantagruel* (1532)

Le plaisir n'est peut-être pas le bonheur, mais il apprend aussi à être heureux, ou à vouloir l'être.

Claude Roy, *Le Malheur d'aimer* (1958)

Si tu ne sais pas quoi faire de tes mains, transforme-les en caresses.

Jacques Salomé, Si je m'écoutais, je m'entendrais *(2003)*

La vie, c'est comme un cône glacé ; il faut savourer chaque bouchée.

Charles Monroe Schulz

Tu trouveras, dans n'importe quelle situation, des divertissements, des délassements et des plaisirs, si tu t'appliques à juger tes maux légers plutôt que de te les rendre intolérables.

Sénèque, *Sur la vie heureuse* (Ier siècle)

Un peu de bonheur vaut mieux qu'une longue fidélité.

Jean Sarment, *Léopold le bien-aimé* (1927)

IL FAUT REGARDER LA VIE EN FARCE.

Louis Scutenaire

De bons amis, de bons livres et la conscience somnolente, voilà le secret du bonheur.

Mark Twain

Un sourire est souvent l'essentiel. On est payé par un sourire. On est récompensé par un sourire.

Antoine de Saint-Exupéry,
Lettre à un otage (1944)

Pour vivre heureux,
il faut vivre sans rancune.

Yasmina Khadra

L'essentiel, nous ne savons pas le prévoir. Chacun de nous a connu les joies les plus chaudes là où rien ne les promettait.

Antoine de Saint-Exupéry,
Terre des hommes (1939)

On n'est jamais aussi vainqueur ni aussi vaincu qu'on se l'imagine.

Charles de Montalembert

Souriez ! De votre boulanger à votre patron, de votre voisin de palier au conducteur de la voiture d'à côté… Pendant une semaine au moins, souriez !

Christelle Heurtault, *Mon petit livre du bonheur* (2004)

La joie prolonge la vie.
Ben Sira

LA CONFITURE N'EST BONNE QUE S'IL FAUT MONTER SUR UNE CHAISE POUR ATTRAPER LE POT DANS LE PLACARD.

Alexandre Vialatte

Si quelqu'un aime une fleur qui n'existe qu'à un exemplaire dans les millions et les millions d'étoiles, ça suffit pour qu'il soit heureux quand il les regarde. Il se dit : « Ma fleur est là quelque part… »

Antoine de Saint-Exupéry, *Le Petit Prince* (1939)

POUR RETROUVER SA JEUNESSE, IL N'Y A QU'À RECOMMENCER SES FOLIES.

Oscar Wilde

ADMIREZ LE COUCHER DU SOLEIL [...] SAVOUREZ CETTE FOISON DE COULEURS CHATOYANTES.

Christelle Heurtault, *Mon petit livre du bonheur* (2004)

Une petite flamme de folie, si on savait comme la vie s'en éclaire.

Henry de Montherlant, *Malatesta* (1946)

La nature est éternellement jeune, belle et généreuse. Elle verse la poésie et la beauté à tous les êtres, à toutes les plantes, qu'on laisse s'y développer à souhait. Elle possède le secret du bonheur, et nul n'a su le lui ravir.

George Sand, La Mare au diable *(1846)*

La lutte elle-même vers les sommets suffit à remplir un cœur d'homme. Il faut imaginer Sisyphe heureux.

Albert Camus, *Le Mythe de Sisyphe* (1942)

C'EST EN CROYANT AUX ROSES QU'ON LES FAIT ÉCLORE.

Anatole France

Il n'y a pas de plus grande joie que celle qu'on n'attend pas.

Sophocle, *Antigone*

Ne trouvez-vous pas que le silence est comme un avant-goût du bonheur ?

Ignazio Silone

JE DÉCRÈTE L'ÉTAT DE BONHEUR PERMANENT.

Slogan de Mai 68

LA GAIETÉ NE PEUT AVOIR D'EXCÈS, ELLE EST TOUJOURS BONNE.

Baruch Spinoza, *Éthique* (1677)

Le rire est une bouée de sauvetage.

Michel Serrault

Si vous voulez que la vie vous sourie, apportez-lui d'abord votre bonne humeur.

Baruch Spinoza

Le plus grand art de la vie est peut-être de se contenter du peu qu'on a ou qu'on peut avoir… de se fabriquer de la joie avec des riens.

Edmond Thiaudière, *La Proie du néant, notes d'un pessimiste* (1886)

Je dormais et je rêvais
que la vie n'était que
joie. Je m'éveillais
et je vis que la vie
n'est que service.
Je servis et je compris
que le service est joie.

Rabindranath Tagore

Quoi de plus agréable que de rire aux dépens d'un ennemi ?

Sophocle, *Ajax* (vers 450 av. J.-C.)

ALICE : J'AI À PEU PRÈS OUBLIÉ CE QU'EST LE RIRE.
LE CAPITAINE : IL NE FAUT JAMAIS L'OUBLIER… ON S'EMBÊTE ASSEZ SANS CELA.

August Strindberg, *La Danse de mort* (1900-1901)

IL Y A DES PLUIES DE PRINTEMPS DÉLICIEUSES OÙ LE CIEL A L'AIR DE PLEURER DE JOIE.

Paul-Jean Toulet, *Les Trois Impostures* (1922)

QUAND ON A BIEN COMPRIS QU'ON ASPIRE, EN VAIN, AU CIEL, ON SE TROUVE BIEN HEUREUX DE POUVOIR RESPIRER SUR LA TERRE.

Edmond Thiaudière, *La Proie du néant, notes d'un pessimiste* (1886)

Un rire sincère est un rayon de soleil dans une maison.

William Thackeray

J'ai personnellement plus de plaisir à comprendre les hommes qu'à les juger.

Stefan Zweig, Vingt-Quatre Heures de la vie d'une femme *(1929)*

Il y a toujours de la joie dans la musique.

Yves Thériault, *La Fille laide* (1950)

UN INSTANT DE BONHEUR VAUT MILLE ANS DANS L'HISTOIRE.

Voltaire, *Commentaire historique sur les œuvres de l'auteur de La Henriade* (1776)

La joie est notre évasion hors du temps.

Simone Weil, *La Connaissance surnaturelle* (1942)

S'aimer soi-même, c'est l'assurance d'une longue histoire d'amour.

Oscar Wilde, Les Ailes du paradoxe

Une journée nuageuse ne peut rien contre un tempérament radieux.

William Arthur Ward

TROP HEUREUX LES HOMMES DES CHAMPS S'ILS CONNAISSENT LEUR BONHEUR.

Virgile

LE RIRE EST PLUS FORT QUE LA DOULEUR.
Pierre Turgeon, *Un dernier blues pour octobre* (1990)

Vivre, c'est se réveiller la nuit dans l'impatience du jour à venir, c'est s'émerveiller de ce que le miracle quotidien se reproduise pour nous une fois encore, c'est avoir des insomnies de joie.

Paul-Émile Victor

Le soleil accepte bien de passer par de petites fenêtres.
Frederik van Eeden

J'AI DÉCIDÉ D'ÊTRE HEUREUX PARCE QUE C'EST BON POUR LA SANTÉ.
Voltaire

CRÉDITS PHOTOGRAPHIQUES

Toutes les photographies de cet ouvrage sont de l'agence Fotolia : Adam Salwanowicz, Alain juillet, Alain Uhel , Alan Reiman, Alexander, Alexander Maier, Alexandre Belinski, Alexandre Le priol, AlexQ, Andreas Karelias, Anette Linnea Rasmussen, Angel Simon, Angelo Cavalli, Anna Tchekhovitch, Anyka, Arkadiusz Stos, Arnaud Joron, Arpad Nagy-Bagoly, Art Photo Picture, Ataly, Aurélien, Antoine, Auremar, Barbara Helgason, Beholder, Ben Heys, Bright, Bruder Jakob, ChantalS, Charly, Choucashoot, Click, Clivia, csld, Cyril Comtat, d_j_ango, Dai, Dalia Drulia, Davidphotos, Dendron, Detlef, DeVIce, digital-fineart, Dmitry Pichugin, Douglas Freer, Dzain, Eishier, El Vin, Elenathewise, Emilia Stasiak, Emma Greau, er...ic26, Eric Isselée, Erika Walsh, Fabrice Dabek, Faudic, Fmturrini, Franck Viel, Frédéric Leviez, Frédéric Leyreloup, Friday, Froggie, Gérard Defay, Giacomarco, Gilles Lougassi, Gino Santa Maria, Hannes Eichinger, Hassan Bensliman, Hero, Hugues Argence, Imagine, Ina van Hateren, Ine Beerten, Inna Reshetylo, Irina Efremova, Isatori, Jack, Jakezc, Jaroslaw Grudzinski, Jean Perrais, Jean-Luc Grière, Jean-Marie Polese, Jessica Blanc, Joan Albert Lluch, Joe Gough, Johan Stander, Johanna Mühlbauer, Jose Manuel Gelpi, Joseph Mercurio, Josiah Garber, Jules Kitano, Kacso Sandor, Karsten Koehler, Khayel, Kuhar, Laurence Gough, Laurent Breche, Lebranchum, Lerou, Liudmila P. Sundikova, Ludovic Lan, Luxian, Magalice, Marc Aucouturier, Marcin, MarieAmelie.ble, Marlies Plank, Martine Wagner, Marzanna Syncerz, Mateo_Pearson, Mathias Weigand, Mathieu Jacob, Max1959, MAXFX, meailleluc.com, Melany Dieterle, Melissa Schalke, Michaela Carl, Miguel, Mikhail Perfilov, Mmette, Nadia Ivanova, Natalya Kuzmina, Nicolas Kopp, Nimbus, o_p, Olga Lyubkina, Olivier Tetart, Oscar, Outdoorsman, pat31, Pavel Losevsky, Pedro, Philippe Devanne, Philippe Leridon, Philippe Surmely, Phils, Photofranck, Picpic, Pierre Helger, QiangBa DanZhen , REDBUL74, Riccardo Bruni, Robert Rozbora, Romain Gitton, Roman Sigaev, Sandor Kacso, Sandra Cunningham, Sandra Sabbe, Sarah Gerner, Sauga, SDVIG, Sebastien Burel, Sébastien Closs, Sébastien Michel, Serge Simo, Sergey Nikolaev, SGV, Southmind, Stephan Thiel, Stéphane Kraft, Stephen Bonk, Stockfoto, Sundikova, Sunil Kumar, Sylvain Bouquet, Sylvain Bouquet, Sylvain Cordier, sylwia2007, the_stalkerp, Tinka, Tony & Char Mandarich, Toutenphoton, Urbanhearts, Virginie Castor, Vladimir Wrangel, Waltart, XtravaganT, Yanik Chauvin, Yannick Delonglee, Yannik Labbe

excepté pages 13, 27, 61, 71, 75, 217, 277, 311, 369, 409 : iStockphoto

Achevé d'imprimer en avril 2010
Imprimé en Chine